CE VOLUME CONTIENT :

441 8°. Rapport à Mr le Ministre de l'Instruction publique sur la bibliothèque de Berne, avec des notices de manuscrits, par M. Achille Jubinal, Paris 1838.

443 9° Lettre de Jeanne Darc communiquée à l'académie des Sciences morales et politiques, avec une notice par Mr Berryat St Prix, Paris 1844.

RAPPORT

A M. LE MINISTRE

DE L'INSTRUCTION PUBLIQUE,

SUIVI

DE QUELQUES PIÈCES INÉDITES TIRÉES DES MANUSCRITS
DE LA BIBLIOTHÈQUE DE BERNE,

Par Achille Jubinal.

PARIS,
A LA LIBRAIRIE SPÉCIALE DES SOCIÉTÉS SAVANTES,
RUE DE SEINE-SAINT-GERMAIN, 23.

1838.

Paris, Imprimerie de Paul Dupont et Cie,
Rue de Grenelle-Saint-Honoré, n° 55.

RAPPORT

A M. LE MINISTRE

DE L'INSTRUCTION PUBLIQUE,

MONSIEUR LE MINISTRE,

Lorsqu'il y a déjà quelques mois vous apprîtes que j'étais sur le point de me rendre à Berne afin d'y faire dessiner, dans l'intérêt du grand ouvrage auquel je travaille avec ardeur depuis plus de deux ans (*les anciennes tapisseries historiées* les plus remarquables qui nous soient restées du onzième au seizième siècle), les belles et curieuses tentures prises par les Suisses sur Charles-le-Téméraire, vous voulûtes bien me charger d'examiner en même temps les manuscrits de la bibliothèque de cette ville ayant appartenu à Bongars, et dont la plupart sont relatifs à notre histoire, à notre littérature, à nos antiquités nationales.

J'acceptai cette mission avec reconnaissance; seulement, mêlé que je me trouve par la publication du grand ouvrage auquel je viens de faire allusion, ainsi que par celle de la *galerie d'armes anciennes de Madrid*, au mouvement des beaux-arts en France, je prévis tout d'abord qu'il me serait impossible de restreindre mon activité à une seule branche de l'archéologie, à une seule ville, à un seul établissement. C'est en effet ce qui est advenu; partout où j'ai passé j'ai visité avec soin les églises, les arsenaux, les musées, les bibliothèques; et partout j'ai eu le bonheur de rencontrer quelques monuments inédits dont la reproduction sera une bonne fortune pour nos artistes, en même temps que le dépôt, dans l'établissement qui sera désigné par vous, monsieur le ministre, de la copie que j'ai fait exécuter, enrichira nos diverses collections ou y comblera quelques lacunes.

Je vous soumets donc avec confiance le résultat de mes recherches, espérant qu'elles obtiendront l'approbation d'un ami aussi éclairé de la science et des arts que vous l'êtes.

Parti de Paris vers le commencement de mai, monsieur le ministre, j'emmenai avec moi M. Victor de Sansonetti, ancien élève de M. Ingres, dont les travaux antérieurs (1) étaient, pour ceux que j'au-

---

(1) M. de Sansonetti est mon principal collaborateur dans les deux grands ouvrages que j'ai nommés plus haut. C'est lui qui y a reproduit la tapisserie de Bayeux, celle qui vient de l'ancien manoir du chevalier sans peur, une autre tirée du cabinet de M. Dusommerard; enfin, c'est à lui qu'on devra le premier dessin qui ait été fait des quarante tapisseries de la

rais à demander à son talent, une preuve assurée de cette exactitude scrupuleuse si nécessaire et pourtant si rare dans les reproductions faites jusqu'ici. Dès le jour de notre arrivée à Nancy, nous allâmes visiter ensemble la magnifique tenture conquise par René II, duc de Lorraine, sur le duc de Bourgogne, à la bataille où ce dernier trouva la mort en 1477. Notre empressement était motivé par une particularité intéressante. Non seulement nous avions donné ce monument comme première livraison de notre grand recueil; mais encore le hasard, plus favorable quelquefois que toutes les recherches, venait de me faire entrevoir la vérité d'une manière à peu près certaine sur l'origine de la vénérable page de laine qui orne aujourd'hui la principale chambre de la cour royale de Nancy. En effet, monsieur le ministre, j'avais dit dans le texte qui accompagna la publication des dessins de M. de Sansonetti que la tradition voulait que la tapisserie dont il est question eût formé la tente de Charles-le-Téméraire; et m'appuyant sur les recherches de M. le marquis de Trans, correspondant de l'Institut à Nancy, sur des souvenirs du dernier siècle, conservés par quelques vieillards, j'avais montré la tenture de la cour royale portée processionnellement comme en triomphe, ainsi qu'un sabre qu'on disait avoir appartenu au duc de Bourgogne, lors de la cérémonie annuelle qui se célébra jusqu'en 1789, en commémoration de la bataille; mais ces assertions, accueillies avec ce dédain la plupart du temps mal fondé qu'on manifeste souvent pour les anciennes croyances, n'auraient pas tardé à être regardées comme fausses si, postérieurement à la publication de mon texte explicatif, je n'avais, en fouillant dans un des catalogues manuscrits de la Bibliothèque royale, trouvé sous le numéro 7406 l'indication d'un manuscrit in-folio ayant le titre suivant : *Déclaration de trois pièces de tapysserie que quelqu'ung veit long-temps à Vienne.*

Je recourus sur-le-champ au manuscrit, qui est dédié par son auteur anonyme *à son très redoubté seigneur, le grand duc* afin que celui-ci qui *voit voullentiers belles et riches tapisseries quand elles portent signiffiance de quelque joieuse nouvelleté* (je cite textuellement), puisse faire bailler à ses tapissiers la description qu'on lui présente, et *acheter* la tapisserie ou l'*emprunter* pour en ordonner une semblable. Quel ne fut pas mon étonnement, lorsqu'après avoir lu la description de deux longues tentures historiées *que je veiz long-temps*, dit l'auteur, *au palays Impérial, à Vienne, en Austrisse, pendant au long des haultes murailles où deux marchands de Turquie les avoient fait illec estandre pour en faire monstre s'aulcun les eust voulu acheter, et où l'empereur, l'empereys, et grant foison de noblesse, chevaliers, escuyers, dames et damoiselles, ne se povoient saouler de les regarder;* quel ne fut pas, dis-je, mon étonnement de rencontrer la description textuelle et très étendue de la tapisserie de Nancy!... Or, le manuscrit dont je parle, bien qu'il ne porte pas de date, est évidemment, par le style, par l'écriture, de 1450 environ, de même que le monument qu'il décrit remonte, ainsi qu'on en peut juger par les costumes, par les meubles, par l'architecture qui y sont représentés, exactement à la même époque. Il s'agissait donc de savoir si la tapisserie ne cachait pas dans quelque coin, fût-ce même, comme cela se voit souvent, sous la doublure qui en couvre le re-

---

cathédrale de Reims. Quant à l'ouvrage intitulé *la Galerie d'armes anciennes de Madrid*, les nombreux et beaux dessins gravés sur bois qui y accompagnent mon texte ont tous été exécutés par son habile crayon.

vers, quelque légende ou blason qui fût une marque encore plus certaine de son origine ducale. Nous ne fûmes point assez heureux, M. de Sansonetti et moi, pour obtenir, en examinant scrupuleusement la vieille tenture, cette dernière preuve ; mais du moins je m'assurai que ce monument, qu'une société de tempérance envierait à la ville de Nancy (1), coïncidait parfaitement avec la description anonyme que j'en avais trouvée, et qu'il eût été impossible de le reproduire avec plus de fidélité que l'a fait M. de Sansonetti.

Cette première recherche terminée, je priai mon compagnon de voyage, qui, en sa qualité de nancéien, connaissait très bien la ville, de me conduire à l'église de Saint-Epvre, où je voulais examiner une fresque de la fin du quinzième siècle, représentant les miracles de la Vierge, parmi lesquels je fus frappé surtout de celui qui reproduit l'histoire de Théophile, vidame de l'église d'Adana en Cilicie, espèce de Faust du moyen âge qui donna son ame au diable afin de se venger de son évêque (2). Cette peinture, qui n'a jamais été dessinée et que l'humidité fait disparaître tous les jours, si bien que dans quelques années il n'en restera plus rien, est placée au fond d'une ogive, au côté gauche de l'église. Elle me parut assez remarquable comme composition et très fidèle comme reproduction de son époque (les personnages y portent le costume du temps de Louis XII). Je regrettai beaucoup qu'on eût détruit, je ne sais en quelle année, la fresque qui lui faisait pendant, mais dont on ne voit plus aujourd'hui que la place, et j'engageai M. de Sansonetti à exécuter un dessin colorié de la première, qui pourrait, ainsi que celui de quelques autres monuments de ce genre que je possède (3), entrer

---

(1) La tente du duc de Bourgogne représente, dans une longueur de soixante-seize pieds, LA CONDAMNATION DE SOUPER ET DE BANCQUET *à la louange de diepte et de sobriété, pour le plus grand proufit du corps humain*, le tout en costumes de la cour de Philippe-le-Hardi.

(2) L'histoire de Théophile a été l'une des plus populaires du moyen âge, de même que celle de Faust est une des plus célèbres des temps modernes. Ecrite d'abord en grec par Eutychien, disciple de Théophile, elle fut traduite en prose latine par Paul Diacre de Naples, mise en vers latins par Marbode, évêque de Rennes ; puis par Rhoswitha, la célèbre abbesse de Gandersheim, et rimée en français du treizième siècle par Gauthier de Coinsy. Il y a plus : le trouvère Rutebeuf, qui vivait de 1253 à 1285, en a composé un petit drame religieux de six cents vers, qu'on peut supposer, sans trop de hardiesse, avoir été représenté dans les monastères de l'époque qui vit fleurir son auteur, et peut-être devant la cour de saint Louis. On trouvera de plus amples renseignements dans l'édition de Rutebeuf, que je suis sur le point de livrer au public.

(3) Les monuments auxquels je fais ici allusion sont : 1° la fresque de Brioude, qui n'a jamais été reproduite ; 2° celle de Vienne, qui est dans le même cas ; 3° *la Danse des morts de Strasbourg*. — Les dessins des deux premières ont été exécutés par M. Anatole de Planhol, ancien élève de l'Ecole polytechnique, qui, de concert avec un réfugié polonais, M. Zuck, m'a dessiné toutes les tapisseries de la Chaise-Dieu et la belle *Danse des morts* de cette église. Celle de Strasbourg, que je suis fort tenté de publier à mes frais, comme complément de celle de la Chaise-Dieu, que je viens de faire graver, doit en ce moment être déjà copiée tout entière par M. de Sansonetti. Elle ne l'a pas encore été depuis qu'on la trouva par hasard en 1824 sous le plâtre qui recouvrait les murs du *temple neuf*.

dans le grand recueil de peintures murales dont la publication a été décidée par le comité des beaux-arts que vous avez créé.

Mais la fresque de Saint-Epvre n'est pas la seule qui existe à Nancy. Cette ville en possède encore une autre, monsieur le ministre, attribuée à grand tort, selon moi, à Léonard de Vinci, parce qu'elle représente la cène d'après ce grand artiste. Cette peinture, qui se trouve dans une des salles de l'École normale, est beaucoup moins importante que la première et beaucoup plus détériorée, surtout par de mauvaises retouches; cependant, comme elle offre, en costume du temps, le portrait du donateur et de sa femme, M. de Sansonetti en exécutera aussi une copie complète, qui vous sera également soumise.

En sortant de l'École normale, je me rendis à la bibliothèque publique, où je trouvai M. Soyer-Wilmet, directeur de cet établissement, qui voulut bien me le montrer en détail. Le résultat de cet examen fut la conviction que la bibliothèque de Nancy, quoique contenant environ 25,000 volumes imprimés, ne possédait malheureusement (du moins complète) presque aucune de nos grandes collections d'art ou d'érudition. Ainsi, pour en donner seulement quelques exemples, je citerai les *Acta sanctorum* des Bollandistes, les Tables de Bréquigny, les Mémoires de l'Académie des inscriptions, ceux de l'Académie des sciences, le Journal des savants, etc.; enfin je dirai c'est à la générosité de votre prédécesseur que la bibliothèque de Nancy, tant ses ressources sont précaires, doit de posséder aujourd'hui un exemplaire complet de l'histoire de Lorraine par dom Calmet, immense travail que tout Nancéien devrait posséder.

Quant aux manuscrits, la plupart de ceux qu'elle renferme, à l'exception toutefois des autographes de Stanislas, précieux comme souvenir d'un bon roi, sont insignifiants; mais la bibliothèque de Nancy possède deux autres objets du plus haut intérêt. Je veux parler d'un admirable camée antique, dont on peut voir la gravure dans l'Iconographie romaine, et d'un calice ou ciboire en forme de sphère, provenant du trésor des anciens ducs, et représentant, en ciselure, une mappemonde dont l'exécution est très belle. Peut-être serait-il possible d'acquérir pour le Musée de Paris, en échange des grandes collections imprimées par le gouvernement, le premier de ces objets, qui est en quelque sorte perdu à Nancy, et dont un riche étranger offrait récemment une somme assez considérable. Quant au second, j'ai prié M. de Sansonetti de le dessiner, vu sur plusieurs faces. J'aurai l'honneur de vous transmettre ce travail lorsqu'il me sera parvenu.

De Nancy, monsieur le ministre, je me rendis à Strasbourg, où mon premier soin fut de visiter la bibliothèque publique, en compagnie de son zélé conservateur, M. Ioung. Ce dépôt, l'un des plus riches de France, est admirablement distribué. On l'a placé dans une ancienne église arrangée exprès pour cet usage, et qui contient à la fois la bibliothèque de la ville et celle du séminaire protestant. Les livres imprimés de cet établissement, ou plutôt de ces deux établissements, sont catalogués avec un soin qui permet, malgré leur nombre (40,000), de retrouver immédiatement tous ceux dont on a besoin; mais il n'en est pas de même des manuscrits parmi lesquels l'absence de catalogue rend les recherches très pénibles. Aussi l'intention de M. Ioung, aussitôt qu'il aura terminé le travail qu'il a commencé sur les incunables, dont le nombre, pour les deux bibliothèques, monte à plus de 4,000, imprimés avant l'année 1520, et à plus de 1500 imprimés sans date dans la même période que les précédents, est-elle de procéder au classement immédiat des manuscrits;

mais, jusque là, il sera difficile de tirer parti de ces richesses, dont la plupart sont relatives à l'histoire d'Allemagne.

Toutefois je fus assez heureux, parmi le petit nombre d'entre elles qu'il me fut donné d'examiner, pour rencontrer sur les feuillets de garde d'un manuscrit allemand in-folio un assez long fragment d'un poème anglo-normand (environ 400 vers), que je reconnus bientôt pour appartenir au roman d'Yseult et de Tristan, dont la Bibliothèque royale ne possède qu'une leçon très incomplète sous le numéro 7989. J'engageai vivement M. Ioung à détacher avec soin ces feuillets de parchemin collés à la couverture du manuscrit et à les faire parvenir à la Bibliothèque royale, au lieu de les conserver dans celle de Strasbourg, où ils ne sont consultés de personne. M. Ioung voulut bien me promettre d'exécuter le vœu que je lui manifestais (1), et il m'avertit en même temps qu'un savant strasbourgeois, M. Maurice Elgerstadt, que je n'eus malheureusement pas l'occasion de voir, possédait aussi quelques fragments d'une chanson de Roland. Je consigne ici cette observation au profit de mon ami Francisque Michel, qui a publié ce qui reste des anciens poèmes sur Tristan, et la chanson anonyme qui célèbre les exploits du neveu de Charlemagne.

Je trouvai aussi, monsieur le ministre, dans la bibliothèque de Strasbourg, quelques manuscrits à miniatures, fort remarquables, qui doivent nécessairement prendre place dans l'*Histoire de la peinture au moyen des manuscrits*, entreprise avec tant de courage par M. le comte Auguste de Bastard et soutenue avec tant de générosité par le gouvernement (2). De ces manuscrits, je citerai spécial

---

(1) En attendant que le fragment de Strasbourg soit arrivé à Paris, en voici quelques vers :

Ennict seut dreit vers Engleterre,
Ysolt véeir ébregier querre.
Ker Kaerdin véeir le volt
E Tristran volt véeir Ysolt.
Ne volt que l'um à l'ome cunte
U die ce que n'i amunte.
Dirrai la sume e la fin
Entre Tristan e Kaerdin.
Tant unt chevalché e erré
Qu'il vienent à une cité.
Marke déit la nuit gisir;
Quant il ot qu'il i deit venir,
La veie séit e le chemin :
Encuntre vint od Kaerdin.
De luin à luin vont cheminant
De la roete al rei purveant.
Quant la roete al rei fu ultrée,
Là la reine unt encuntrée;
Lors le chemin dunc descendent
Li varlet, etc.

(2) Pour justifier ces assertions, voici quelques détails sur l'ouvrage dont je parle. J'ignore si leur publication ne blessera point M. le comte de Bastard, dont la modestie semble avoir pris à tâche d'éviter tout retentissement prématuré pour son œuvre; mais, au risque de lui déplaire, je dirai de mémoire ce que je sais. *Les peintures et ornements des manuscrits* doivent prendre l'art au quatrième siècle et le conduire jusqu'au seizième, en reproduisant

lement celui du quinzième siècle, dit de Lyon, parce qu'il est signé *François, évêque de Lyon*. Les miniatures de ce beau volume sont d'autant plus curieuses à reproduire que la mention dont je viens de parler doit les faire regarder comme appartenant à l'école française de cette époque, lors même que d'autres preuves ne viendraient pas appuyer cette supposition. Il ne faut pas oublier non plus un manuscrit in-folio du huitième siècle, dont le vélin est de couleur pourpre, les rubriques en or, les caractères en argent, et qui peut rivaliser avec le magnifique livre des Evangiles de Charlemagne qu'on voit à la bibliothèque du Louvre (1); mais ce qu'il est surtout indispensable de reproduire en entier dans l'ouvrage véritablement monumental de M. le comte de Bastard, c'est le superbe manuscrit du douzième siècle, contenant le *Hortus deliciarum* de la célèbre abbesse Herrade de Lansberg. Les nombreuses miniatures de ce manuscrit, qui représentent toute la vie extérieure de leur époque, sont en effet de la plus haute importance pour l'histoire de la symbolique chrétienne, de la panoplie, de l'architecture, etc., et, rapprochées de la tapisserie de Bayeux, elles ne pourront qu'éclaircir plusieurs points encore obscurs de l'archéologie du moyen âge. Je préviendrai cependant une illusion, assez naturelle, du reste, qu'on s'est formée quelquefois sur le texte du *Hortus deliciarum*. Je suis loin de penser qu'il ait l'importance des miniatures qui l'accompagnent, et je crois que, sous le rapport encyclopédique, comme désignation de l'état des sciences et des arts au moyen âge, nos *Images du monde* et le *Trésor de Brunetto Latini* sont de beaucoup préférables.

La bibliothèque de Strasbourg, monsieur le ministre, en dehors

---

tout ce que renferment de remarquable les dépôts européens. Dans cette longue suite de *fac simile*, la symbolique chrétienne sera expliquée, la vie religieuse et la vie civile seront dévoilées, la paléographie trouvera d'excellents modèles, toutes les époques, toutes les nationalités apparaîtront distinctes sous le rapport de la peinture. Quant à l'immensité matérielle de l'œuvre, il me suffira, pour la prouver, de dire que, depuis plusieurs années, soixante-dix artistes, de tous pays, parmi lesquels on compte un certain nombre d'officiers polonais, se livrent à un travail qui semble ne devoir jamais finir. Ces artistes occupent, comme atelier, une maison entière dont la location annuelle est de six mille francs. Le papier de l'ouvrage, fabriqué exprès par M. Canson, pair de France, se compose de la plus fine batiste de Hollande, et coûte 1,000 francs la rame. Enfin chaque livraison de l'ouvrage reviendra aux souscripteurs à 1400 francs, ce qui met l'exemplaire complet pour vingt livraisons à 28,000 francs.

Le gouvernement français a souscrit généreusement pour près d'un million payable en dix années, et l'auteur de ces lignes, qui sait par expérience ce que coûte la mise au jour de pareils ouvrages, a grandement peur, malgré ce secours, que M. le comte de Bastard ne soit victime, en définitive, de son zèle pour la science et de son amour pour les arts.

(1) On peut consulter, pour l'histoire de ce manuscrit, le *Voyage pittoresque dans l'ancienne France*, par M. le baron Taylor, ouvrage où abondent des renseignements utiles. M. Louis Barbier, bibliothécaire au Louvre, a réuni aussi à ce sujet quelques documents curieux. Il en résulte que le manuscrit en question donné par Charlemagne à la ville de Toulouse, fut offert par celle-ci à Napoléon, lors de la naissance du roi de Rome, et qu'après avoir été conservé durant huit siècles dans l'abbaye de Saint-Sernin, il faillit périr en 1793. Espérons que dans l'asile qu'il occupe il est à jamais sauvé.

de ses richesses imprimées ou manuscrites, possède beaucoup d'objets d'art, inédits jusqu'à ce jour, et qu'il serait du plus haut intérêt de rendre européens par la gravure. C'est ainsi que j'engage M. Ferdinand de Lasteyrie à comprendre dans son Histoire de la peinture sur verre par les monuments, les vitraux du seizième siècle (1574) dus aux frères Linck, et que M. Brongniart estimait, dit-on, 70,000 francs (ils ornent la salle du premier étage). Quant à moi, j'ai prié M. de Sansonetti de vouloir bien, dans un prochain voyage, exécuter une copie de six panneaux en bois de l'école allemande, peints sur fond d'or, et ayant l'aspect des peintures de Lucas Kranach. Ces modèles curieux de l'art du quinzième siècle ont été acquis récemment par M. Ioung pour la somme de 500 fr.; ils valent certainement six fois ce prix.

M. de Sansonetti m'adressera en même temps un dessin de deux immenses trompes de bronze, autrefois appendues dans la cathédrale; d'un broc fort ancien et de forme bizarre, qui était destiné, selon toute probabilité, à l'usage personnel du magistrat de Strasbourg lorsqu'il sortait de la ville; enfin de deux bannières communales, du style le plus remarquable, représentant la vierge byzantine aux bras étendus en croix, au corps raide et allongé, à la figure sévère. Ces monuments, dont les couleurs ont été rajeunies vers 1500, sans que le style primitif fût modifié, sont peints sur soie à fonds d'or et du plus grand effet. M. Ioung les a sauvés de toute chance de destruction en les faisant étendre sur bois et placer dans une armoire vitrée. Je destine le dessin original de M. de Sansonetti à être offert par votre entremise, monsieur le ministre, soit au département des estampes de la Bibliothèque royale, soit au palais des Beaux-Arts, et la gravure que j'en tirerai à entrer dans une publication spéciale que je me propose de faire des *anciens drapeaux*, des *enseignes, bannières*, etc., les plus renommés, encore existants aujourd'hui; publication pour laquelle j'ai déjà réuni un grand nombre de matériaux.

Il est encore, monsieur le ministre, une autre circonstance de ma visite à la bibliothèque de Strasbourg dont je dois vous entretenir. Dans une salle fermée au public, et où sont déposés les doubles et les triples, qu'avant les sages mesures que vous avez prises afin d'amener nos bibliothèques à opérer des échanges, on était dans le déplorable usage de vendre à la livre, j'aperçus, entre une espèce de couronne carlovingienne, trouvée à Metz dans un tombeau, et le bonnet phrygien dont au plus fort de notre effervescence révolutionnaire on avait coiffé le sommet de la cathédrale, une collection assez nombreuse d'instruments de musique à forme gigantesque et bizarre, provenant de l'ancienne corporation des ménétriers de Strasbourg, aux quatorzième et quinzième siècles. Ces instruments, aujourd'hui très rares, uniques peut-être, ont été ravis, voici déjà quelques années, aux greniers de la mairie par M. Ioung; mais depuis lors, faute d'argent pour les remettre dans leur premier état, faute d'ouvriers assez habiles pour réparer les mutilations qu'ils ont subies, ces gais consolateurs des maux de nos pères, qui jadis ont sans doute servi aux fêtes de la gaie science, sont restés solitaires et honteux dans la poussière. Votre intervention, monsieur le ministre, ne saurait-elle les en tirer à l'avantage des études modernes, pour les soumettre à l'examen d'hommes versés dans l'histoire de la musique, et ne pourrait-on les placer au Conservatoire de Paris, en échange de quelques unes des productions musicales que possède en double la bibliothèque de cet établissement?... L'exécution de ce projet ne souffrirait pas, ce me semble, de grandes difficultés, et d'après ce que m'en a dit M. Bottée de Toulmon, directeur du dépôt dont je parle, rien ne serait plus facile que de dédommager amplement la bibliothèque de Strasbourg.

De la capitale de l'Alsace je me suis rendu à Bâle, où M. Gerlach, bibliothécaire en chef, m'accueillit avec beaucoup de bienveillance, ainsi que M. Wackernagel, professeur de littérature allemande ancienne, et M. de Wette, l'un des plus célèbres théologiens protestants. Ces messieurs furent assez obligeants pour m'accompagner à la bibliothèque publique, qui ne contient qu'un seul manuscrit français (*le Jeu des trois pèlerins*, du quatorzième siècle) dont nous avons plusieurs exemplaires à Paris. Ils me mirent aussi sous les yeux un beau missel du quinzième siècle, qui est le seul manuscrit à miniatures qu'ils possèdent; plus un manuscrit grec, unique, contenant les scholies inédites d'Elias de Crète sur saint Grégoire de Nazianze, qu'à ma demande ils se chargèrent de faire copier pour que je pusse les offrir à M. Louis de Sinner, qui les insèrera dans l'édition de saint Grégoire qu'il prépare.

La bibliothèque de Bâle m'a encore fourni, monsieur le ministre, l'occasion de conquêtes d'un autre genre. La première a été celle de deux très beaux poignards, dont le manche et le fourreau sont ciselés en relief avec un art infini. Ces deux objets offrent, l'un une danse des morts, l'autre un sujet plus joyeux, et qu'on pourrait appeler une danse des vivants. Ils proviennent du musée Fesch, et seront dessinés, ainsi que l'épée d'Erasme, plus une fort belle tapisserie du quinzième siècle représentant, avec des légendes en vieil allemand, un jeu de cette époque, par M. Jérôme Hess, peintre de talent, qu'a déjà fait connaître en France un très beau dessin d'un tableau relatif à sainte Elisabeth de Hongrie, et qui entrera dans la collection des monuments de cette sainte, publiée par M. de Montalembert. Le même artiste m'exécutera aussi une copie que je vous prierai d'offrir au musée d'artillerie de Paris, de plusieurs objets curieux possédés par l'arsenal de Bâle, tels que la cotte d'armes de Charles-le-Téméraire, le chanfrein de son cheval; plusieurs grandes épées à deux mains, fort remarquables; des fléaux, des masses bizarres; plusieurs instruments propres à jeter l'eau et l'huile bouillante dans les siéges, etc. Notre galerie d'armes, si riche sous d'autres rapports, n'a de modèle d'aucun de ces objets.

En quittant Bâle, je me dirigeai sur Zurich, où je rencontrai dans M. Gaspard Orelli, bibliothécaire en chef, non seulement l'un des plus habiles philologues de l'Europe, mais aussi l'un des hommes les plus serviables et les plus spirituels. Il me conduisit lui même dans les différents départements qui composent sa bibliothèque, sans oser toutefois me faire espérer aucun résultat de mes recherches. La seule chose d'origine française, en effet, que je découvris dans cet établissement, fut une liasse de papiers pris à la Bastille lors de la conquête de cette forteresse par le peuple; et le seul fragment curieux que j'y trouvai fut une lettre d'un pauvre prêtre enfermé sans condamnation ni jugement, depuis plus de dix années dans cette prison, pour avoir parlé un peu légèrement de *feu Mgr. l'évêque d'Orléans*. Toutefois, monsieur le ministre, je ne quittai pas la bibliothèque de Zurich sans y rencontrer un monument inédit d'un vif intérêt, dont M. Orelli me fait en ce moment exécuter une copie. Je veux parler d'un atlas nautique, composé de plusieurs feuillets peints sur bois, et exécuté en 1321 pour le doge de Venise, par Visconte Visconti. Ce curieux spécimen des connaissances maritimes au moyen âge pourra être soumis par vous, monsieur le ministre, à l'examen de la société de géographie. Après la bibliothèque, je visitai l'arsenal, accompagné de M. Louis Vogel, l'un des peintres d'histoire les plus distingués qui soient en Suisse, et qui a eu le courage de mettre en ordre les nombreuses armes anciennes contenues dans cet établissement. C'est grace à ce rangement que j'ai pu faire dessiner différents modèles de drapeaux fort anciens, une outre en cuir, pareille à celles dont on faisait jadis usage dans les armées pour porter le vin des soldats (sur cette outre sont gravés deux hommes pliant sous les raisins de la terre promise); diverses flèches d'archers encore garnies de leur mèche à incendie, etc. Mais ce que je n'aurais certainement pas connu sans M. Vogel, ce sont deux pièces du plus haut intérêt, déposées dans un des bureaux de la maison de ville, et dont l'existence est presque ignorée à Zurich. La première consiste en une admirable épée à large garde, d'une longueur de près de cinq pieds : la poignée et le fourreau sont en argent ciselé, et sur la lame, qui est en acier doré, on lit très distinctement le nom du pape Jules II, qui fit présent de cette arme à la ville de Zurich, en souvenir des services que lui avaient rendus les ligues suisses. Le deuxième objet en question est une bannière magnifique, garnie de perles et de pierres fines, sur laquelle brillent de riches broderies en soie, en fil d'or et d'argent, représentant le couronnement de la Vierge. Cette bannière vient du grand pape Léon X, qui en fit hommage aux Zurichois.

Bien que le but principal de mon voyage, monsieur le ministre, fût la ville de Berne, je ne voulus point passer en Suisse sans aller visiter la célèbre bibliothèque de Saint-Gall, dernier débris de la riche et puissante abbaye qui, au moyen âge, produisit l'une des plus belles écoles de copistes et d'écrivains dont le souvenir nous soit parvenu. Je n'avais point l'espérance d'y rencontrer des manuscrits français historiques ou littéraires; je savais par le catalogue de Haenel qu'elle n'en contenait aucun, et, d'ailleurs, Mabillon et Montfaucon avaient passé par là; mais j'espérais y rencontrer pour mon ancien maître à l'école des chartres, M. Guérard, quelques cartulaires concernant les affaires de l'abbaye, et pour M. le comte de Bastard quelques beaux manuscrits à miniatures, dignes d'être signalés à son attention (1).

Je ne fus point trompé dans ce dernier espoir. L'école de Saint-Gall, dont les deux grandes époques de succès et de production furent le seizième siècle et tout le temps qui s'écoula entre le septième et la fin du treizième, nous a laissé, comme peinture et comme paléographie, plus d'un brillant spécimen de la patience et de l'habileté de ses artistes-moines.

Le premier, et l'un des plus remarquables que me montra M. Weidmann, bibliothécaire actuel, fut le manuscrit du douzième siècle, numéroté 21, qui offre deux magnifiques miniatures in-folio, peintes sur un fond d'or. L'une représente la Vierge tenant l'enfant Jésus entre ses bras. La mère de Dieu y est réellement divine, et toute la sérénité du ciel est descendue sur son visage; c'est qu'en ce temps de croyance, où l'art était encore, et pour longtemps, si défectueux, l'artiste s'élevait quelquefois, par la sublimité que donnait à son pinceau l'idée religieuse, jusqu'à la perfection que

---

(1) M. Guérard, chargé de diriger la publication des cartulaires de France, a fait commencer ce travail par celui de Saint-Bertin, dont la transcription et l'édition seront dues à M. Claude, employé aux dépouillements historiques de la Bibliothèque royale. M. Guérard publiera également celui de Saint-Père de Chartres.

créa plus tard, pour les vierges célestes, la main des grands maîtres de la peinture moderne. La seconde miniature de ce manuscrit retrace un instrument de musique du douzième siècle. Je dirai, à ce propos, que le grand nombre d'instruments qu'on remarque dans les manuscrits de Saint-Gall, ainsi que les fréquentes notations musicales qui s'y trouvent, doivent naturellement faire penser que l'école de musique de cette abbaye n'était pas moins florissante que son école de transcription; malheureusement l'ignorance où je suis de la plus simple notion de chant m'empêcha de tirer parti de ce que je trouvai en ce genre. Le manuscrit qui donne lieu à ces observations contient aussi une multitude de lettres initiales de la plus grande richesse, et qui peuvent rivaliser avec ce que le fonds Colbert de la Bibliothèque royale nous a transmis de plus remarquable. Le manuscrit n° 22, qui remonte au neuvième siècle, contient cinq belles pages, dont la première est peinte sur un fond pourpre; elle représente une danse que je croirais volontiers hiératique, et dont le caractère est admirable, ainsi que l'exécution. Les deux pages qui suivent offrent la construction du tabernacle, l'autre celle de l'arche; on y trouve des choses très importantes pour l'histoire du symbole. Enfin les deux dernières pages, qui ne forment qu'une seule miniature, représentent une bataille antique, où les combattants se mêlent et s'entre-choquent, enseignes déployées. L'artiste a bien su rendre la furie de cette lutte corps à corps. Ce manuscrit contient également beaucoup de lettres capitales.

Un autre volume de la même époque que celui-ci, le manuscrit n° 86 du neuvième siècle, représente, dans la dispute de Simon et de Pierre, la victoire du christianisme naissant sur les puissances infernales. Je ne saurais rendre le caractère imposant que le simple moine, auteur de cette belle page, a su, dans sa pauvre cellule d'écrivain, communiquer, d'inspiration, à l'une des scènes les plus majestueuses qui pussent se présenter au début d'une religion. La tête de saint Pierre est d'une expression sublime. Au milieu des figures ennemies qui l'environnent et que son calme défie, le chef des apôtres est bien le successeur du Christ fait homme et remonté aux cieux.

Je pourrais citer encore le manuscrit n° 50 du dixième siècle, qui contient un grand nombre de lettres ornées; le manuscrit n° 230; le manuscrit n° 398 du onzième siècle, etc. Mais ce que j'ai dit suffit comme indication des richesses que produisit l'abbaye de Saint-Gall dans sa première ferveur. Comme spécimen de la seconde époque, je prendrai le manuscrit 542, in-folio du seizième siècle, qui représente de très beaux instruments de musique, pareils (quelques uns au moins) à ceux de Strasbourg dont il est question plus haut, et le manuscrit n° **, qui nous montre les moines de Saint-Gall se livrant aux occupations intérieures du cloître. Ces dernières miniatures, outre leur parfaite exécution, sont encore très curieuses en ce qu'elles offrent un tableau complet de la vie monacale prise sur le fait.

Il y a aussi à Saint-Gall trois superbes manuscrits dont M. le docteur Kurz, ancien élève de feu Abel Rémusat, aujourd'hui professeur au gymnase de Saint-Gall, m'a promis, ainsi que je lui en ai témoigné le désir, de me faire mouler en plâtre les couvertures d'ivoire sculpté, pour qu'on pût rapprocher leur travail de celui des manuscrits du même genre que contient la Bibliothèque du Roi. La première de ces reliures primitives, qui peut avoir un pied de haut, représente d'un côté des fleurs habilement ciselées, de l'autre des animaux symboliques de style byzantin; la seconde offre, sur l'une de ses feuilles, des bandes travaillées avec finesse, sur l'autre un combat allégorique entre les mortels et Satan. La troisième est d'un travail encore plus précieux ; sur l'une de ses faces s'entre-dévorent quelques uns de ces animaux fantastiques dont l'imagination bizarre de ces siècles reculés peuplait les terres et les mers ; sur l'autre, on voit trois sujets différents accompagnés de légendes, qui retracent, le premier l'ascension de la Vierge, le deuxième Jésus-Christ entouré de ses divers symboles, le troisième saint Gall donnant à manger à un ours. Ces trois scènes, fort remarquablement ciselées, sont entourées d'énormes cabochons, de pierres grossières qui passaient alors probablement pour fines, et qui sont enchâssées dans une bordure de cuivre doré (1).

Quant aux cartulaires de l'abbaye, je n'en rencontrai pas un ; on me dit qu'ils avaient été vraisemblablement transportés aux archives du canton, ou qu'ils s'étaient perdus lors des différents déménagements qu'on fit éprouver à la bibliothèque, comme cela eut lieu, par exemple, quand nos armées s'emparèrent de la Suisse : les moines de Saint-Gall s'empressèrent en cette occasion de disséminer toute leur bibliothèque chez des particuliers, chez des confrères, et il y eut des manuscrits qui allèrent ainsi jusqu'au fond de la Hongrie, d'où même quelques uns ne sont jamais revenus.

En résumé, la bibliothèque de Saint-Gall offre encore aujourd'hui les plus beaux modèles d'écriture ancienne qui soient en Europe, et de nombreux manuscrits des auteurs classiques, dont les Allemands surtout ont fait un grand usage pour leurs éditions récentes ; mais son importance va tous les jours diminuant, et lorsque M. Orelli aura publié, comme il en a le projet, avec les annotations et les variantes inédites qui s'y trouvent, le Virgile qu'elle contient, ce vénérable sanctuaire de la science, qui s'est garanti, comme d'une impiété, de tout ce qui pouvait appartenir aux études modernes, ne sera pas éloigné de n'être plus qu'un souvenir admirable, il est vrai, mais stérile désormais, de la manière dont le cloître accueillait et cultivait la science.

Pour me rendre de Saint-Gall à Berne, monsieur le ministre, je passai par Lucerne, où j'étais recommandé à M. le chancelier Amrhin, que ses nombreuses occupations, motivées par l'ouverture très prochaine de la diète, m'empêchèrent de pouvoir joindre. J'avais compté sur son obligeance pour me faire ouvrir, non pas la bibliothèque publique, qui, fondée seulement depuis quelques années avec les débris de celle des Pères jésuites qu'on a sécularisés, ne contient qu'une centaine de manuscrits insignifiants, mais les archives. Privé

(1) Puisque je parle de sculptures byzantines, j'en citerai un autre exemple encore plus remarquable par les conséquences qu'on en peut tirer : c'est celui qui se trouve dans le cloître attenant à la cathédrale de Zurich. Cette église, dont la construction est, dit-on, antérieure à Charlemagne, ce que le style de son architecture ne contredit pas, offre dans son intérieur plusieurs sujets sculptés sur des piliers massifs. Il en est de même pour le cloître qui touche à l'église : seulement, dans ce dernier, une de ces sculptures représente un homme assis à la manière des Orientaux et jouant d'un instrument assez semblable à la basse. Devant lui est une femme, bizarrement vêtue, dont les mains sont appuyées par terre, et qui semble se disposer à marcher ainsi. Ne peut-on point voir dans ce fait qui n'a rien d'occidental une marque de l'influence que les Sarrazins acquirent en Suisse par leurs invasions? Je livre cette considération au savant historien des conquêtes de ce peuple, M. Reinaud.

de l'appui de M. Amrhin, comme il eût fallu employer en négociations préliminaires le temps que je voulais consacrer à mes recherches, je me bornai à prier qu'on me donnât aux archives, ce que j'obtins sans difficulté : 1° une empreinte du sceau du duc de Bourgogne, dont l'original, qui est en or, fut le partage de Lucerne dans les dépouilles de Morat ; 2° une empreinte du scel et du contre-scel de René d'Anjou, seigneur de Mézières, qu'on nommait le Bâtard-de-Bourgogne, provenant de la même source ; 3° une empreinte du sceau de la cathédrale, représentant le martyre du vénérable patron de cette église. Je destine les deux premières de ces empreintes à la belle collection de monuments de ce genre, formée par l'un de nos plus habiles graveurs de médailles, M. Depaulis, qui, depuis dix ans, s'occupe à rassembler des documents sur l'histoire de la gravure au moyen âge, et qui en a déjà réuni plus de 6,000 dont il a fait don à l'école des beaux arts de Paris(1). Quant à la dernière, je l'ai déjà remise à M. Lachevardière, qui l'insèrera dans la magnifique collection de sceaux formant une partie du *Trésor de numismatique et de glyptique*, qui se publie, par ses soins, sous la direction éclairée de M. Charles Lenormant.

Je profitai aussi de mon séjour à Lucerne pour visiter l'arsenal et ordonner une copie de la cotte de mailles qu'on prétend avoir été portée par Léopold d'Autriche à la bataille de Sempach ; de la hache que portait Zwingli lorsqu'il fut tué à Cappel ; enfin, des colliers de fer que Léopold destinait aux chefs suisses, et qui sont garnis intérieurement de pointes propres à rappeler le supplice de Régulus. Le dessin de ces objets, qui sont de précieux souvenirs historiques, pourra prendre place, avec ceux dont j'ai déjà parlé, au *Musée d'artillerie de Paris.*

Enfin, M. le ministre, je me procurai à Lucerne divers ouvrages assez rares que j'ai l'honneur de vous adresser et que je vous prie d'être assez bon pour offrir en mon nom, à titre d'hommage, à la Bibliothèque royale. Le premier est un plan de la ville, gravé au seizième siècle, avec beaucoup d'habileté, par Martin Martini, orfèvre très recommandable, établi dans le pays des Grisons et reçu bourgeois de Lucerne en 1593. Dans ce plan sont figurés les édifices et les maisons de l'époque. J'essayai aussi de me procurer une vue de la bataille de Morat, gravée par le même et très estimée en Suisse ; mais je ne pus y parvenir, non plus que pour un magnifique plan de Fribourg, d'environ six pieds de hauteur, qu'on doit également à cet artiste. Je vous transmets cependant un exemplaire de ce dernier travail, l'ayant reçu pour la Bibliothèque du roi, ainsi que vous le verrez plus bas, d'un des citoyens les plus recommandables de la ville de Berne, M. le comte de Mulinen. Je joins à cet envoi un exemplaire, que j'eus beaucoup de peine à trouver, du recueil d'armes, drapeaux, etc., provenant de la bataille de Sempach ; plus, un exemplaire in-f° de l'ouvrage qui reproduit les peintures des ponts de Lucerne. Ces peintures, comme vous le savez, monsieur le mi-

(1) M. Depaulis, qui a trouvé auprès de M. le ministre de l'intérieur et de M. Cavé, chef de la division des beaux-arts, le plus bienveillant accueil, a visité, dans le but indiqué plus haut, une bonne partie de ce qui reste de nos anciennes archives civiles et monastiques dans les départements ; il est en ce moment à l'étranger où il recueille le plus grand nombre de documents possible. J'ai été assez heureux pour lui indiquer à Neufchâtel la collection de sceaux helvétiens fondée par M. Dubois-Bovet, avec lequel il lui sera sans doute facile de faire des échanges qui profiteront à notre histoire.

nistre, sont exécutées sur bois et représentent : 1° une *danse des morts d'après Méglenger ;* 2° *la vie de saint Léger et de saint Maurice,* patrons de Lucerne ; 3° *les temps héroïques de la Suisse,* etc. : elles décorent le cintre de trois ponts couverts, dont l'un desquels, construit en 1303, n'a pas moins de mille pas de longueur (1).

J'arrive maintenant à Berne où je me rendis promptement en quittant Lucerne.

Mon premier soin, en arrivant dans cette ville, fut d'aller rendre visite à M. le professeur Trechsel, bibliothécaire en chef. Une fois instruit du sujet de ma venue, M. Trechsel fut plein d'obligeance pour moi, et me donna, pour remplir ma mission, toutes les facilités qui étaient en son pouvoir, soit en me faisant ouvrir dès huit heures du matin les portes de l'établissement qu'il dirige avec tant de zèle (2), soit en satisfaisant lui-même, avec une incessante bonté, à mes incessantes demandes d'imprimés et de manuscrits.

A peine eus-je mis les pieds dans la bibliothèque de Berne que je priai M. Trechsel de vouloir bien me conduire avant tout à la salle qui renferme les manuscrits que vous m'aviez chargé d'examiner. J'avoue que ce ne fut pas sans une certaine émotion que j'abordai ces vénérables archives de l'érudition, sur lesquelles, monsieur le ministre, votre amour pour les études archéologiques vous avait suggéré d'appeler mon attention.

Ces manuscrits sont au nombre d'environ onze cents, provenant en grande partie de l'immense collection réunie jadis par Bongars qui durant toute sa vie ne cessa d'acheter, tantôt à Orléans, conjointement avec Paul Petau, la bibliothèque de Pierre Daniel, avocat au parlement, dans laquelle se trouvaient quelques uns des manuscrits de l'abbaye de Fleury ou de Saint-Benoît-sur-Loire, l'un des foyers les plus actifs de la science au moyen âge ; -- tantôt, à Bourges, la bibliothèque de Cujas, son ancien maître ; — tantôt à Strasbourg quelques uns des manuscrits de la cathédrale de cette ville dispersés en 1592 lors des troubles qui eurent lieu entre les protestans et les catholiques.

Mais comment se fait-il que cette collection ait cessé d'appartenir à la France ?.. Cela est facile à comprendre. Bongars avait, comme on le sait, à Strasbourg, le titre de *résident pour le roy vers les princes d'Allemagne,* charge qui, dit-il quelque part dans une lettre à Henri IV, *ne lui était qu'à charge,* puisque le roi dont les finances étaient alors fort gênées ne le payait que rarement, et se trouvait quelquefois en arrière avec lui de cinq quartiers pour sa pension de 1,500 livres !...

Dans ces circonstances, comme il résulte d'un document trouvé par M. Strobel, professeur au gymnase de Strasbourg, il paraît que Bongars afin de s'acquitter de quelques dettes, probablement contractées envers le baron de Graviseth, noble Argovien qui s'était enrichi par le commerce et avec lequel il s'était lié d'amitié, essaya

---

(1) On peut consulter pour l'explication des peintures historiques du pont de Capell l'excellent ouvrage allemand de Businger, intitulé : « *Schweizerische Bilder-Gallerie,* etc. ; 2 vol. in-8° ; Lucerne, 1820.

(2) On conçoit qu'en l'absence de cette facilité, il m'eût été presque impossible, en un mois que je passai à Berne, de voir autre chose qu'un très petit nombre de manuscrits, la bibliothèque n'étant ouverte au public que de trois à cinq heures, et le prêt au dehors étant sévèrement interdit depuis la perte du manuscrit dont on trouvera l'histoire page 19 de ce rapport.

de vendre sa collection à la ville. Les magistrats refusèrent de l'acheter. Bongars resta donc débiteur du baron de Graviseth ; mais en mourant, afin de se montrer reconnaissant des obligations qu'il lui avait, il lui fit présent de sa bibliothèque consistant en près de trois mille volumes imprimés dont quatre cents incunables, sans compter les manuscrits mentionnés plus haut.

Le baron de Graviseth étant mort en 1614, son fils garda la bibliothèque de Bongars jusqu'en 1628, époque à laquelle il l'offrit à la ville de Berne, en même temps qu'un portrait de la mère de Henri IV, peint, dit-on, par Holbein, et donné par le roi à son résident auprès des princes d'Allemagne.

Tel est à peu près l'historique, monsieur le ministre, des manuscrits que j'avais sous les yeux. Je commençai immédiatement l'examen que j'en voulais faire, par ceux d'entre eux que le catalogue publié dans le dernier siècle par M. de Sinner, indiquait comme ayant trait à l'histoire, pour le terminer par ceux qui se rapportent plus spécialement aux choses littéraires et à d'autres branches des études anciennes.

Le premier manuscrit que j'ouvris fut celui qui est coté sous le numéro 98, in-folio (treizième siècle). Ce volume, outre plusieurs pièces morales en prose, telles que, par exemple, les enseignements de Salomon à son fils, la complainte de saint Bernard sur la douleur causée à la Vierge par la mort de Jésus, etc., renferme une chronique dont malheureusement le prologue manque. Cette chronique, qui commence aux empereurs de Rome, et s'arrête aux guerres de Charles d'Anjou, frère de saint Louis, est surtout remarquable à cause du nom de son auteur, Brunetto Latini, dont on ne connaissait jusqu'à présent que le *Livre de bonne parleure* et le *Trésor de toutes choses*, à l'impression duquel Napoléon, qui pourtant ne s'occupait guère de manuscrits, avait songé. Le passage sur lequel je me fonde pour appuyer mon opinion est bien net : dans le chapitre de la chronique intitulé : « Comment l'emperère vint en Allemagne, il est dit : « Jaisoit ce que Mainfrois li fils dou devant dit Fréderic nommé, de droit mariaige tint lou roalme de Pulle contre Deu et contre raison si comme cil qui doit tot contraires à sainte esglise, por ce fist-il maintes guerres et maintes persécusion contre les Italiens qui se tenoient de sainte esglise, meismant contre les Guilfins qui se tenoient de la partie de Florance, tant qu'il fut chassiés hors de la ville et lors fut mise an feu et an flame, et fut chasasiés (*sic*) *maistre Brunet* ; et si estoit-il par cette guerre clizés (*sic* pour *client*) à France, quant il fist cest livre por l'amor de son ami selonc ce qu'il dist ou prologe devant, etc. »

Or, si l'on veut bien réfléchir que Brunetto Latini, chassé de Florence par le succès de Mainfroy, se retira à Paris où il composa son livre le plus célèbre (le *Trésor de toutes choses*), on ne concevra aucun doute sur la vérité de la restitution que je lui fais.

Le manuscrit numéro 41, treizième siècle, après la fin du roman *des Sept sages*, contient une généalogie des rois de France qui n'a rien d'important, une vie de Charlemagne attribuée à Turpin, et enfin une chronique qui mériterait, à ce que je crois, d'être éditée. Elle commence au folio LVI du manuscrit sous le titre : « Ci orroiz vraies estoires des rois crestianz et de touz les seignors d'Acre, et de toute la terre que li crestian ont tenu en la terre d'outre-mer, puis le temps Godefroi de Buillon. » Les détails qu'elle donne durant la longue période qui va de Godefroi à l'empereur Frédéric auquel elle s'arrête m'ont paru fort intéressants, et quelques uns entièrement nouveaux. Le nom de son auteur est HernouL, valet, comme il le dit lui-même, *de Balion de Belin, seigneur contemporain de Guy de Lusignan, qui fist mettre cette estoire en escript*. Mon intention, lorsque les copies de divers manuscrits qu'on m'exécute en ce moment à Berne seront terminées, est d'en demander une de cette chronique.

Un écrit qui m'a paru aussi offrir de l'importance est celui que contient le manuscrit du neuvième siècle numéro 599, provenant de la cathédrale de Strasbourg, et qui rapporte l'histoire des Francs jusqu'à Charles-Martel. Le manuscrit de Berne offre beaucoup de variantes et quelquefois des faits nouveaux qui ne se trouvent pas dans l'édition de cette chronique donnée par Duchesne, mais d'après une autre leçon, au tome premier des historiens de France, page 690.

Je voulus un instant, dans la pensée d'offrir ce travail à la Société de l'Histoire de France, entreprendre de relever dans le manuscrit du quinzième siècle en quatre volumes (numéros 11, 12, 13, 14) in-folio que je trouvai à Berne, les variantes de la chronique de messire Jehan Froissart, dont une publication bien plus complète que tout ce qui a été fait jusqu'ici doit être mise au jour par M. Lacabane; mais je ne tardai pas à m'apercevoir que ce travail minutieux, qui exigeait la comparaison du manuscrit avec les textes imprimés, me demanderait trop de temps. Je me bornai donc à prendre copie de quelques passages où l'orthographe des noms étrangers, presque toujours défectueuse dans les leçons que nous possédons en France, est parfaitement rectifiée, et où quelques faits de détails se présentent sous un nouveau jour; mais j'examinai avec le plus grand soin le manuscrit 323 (treizième siècle) qui contient un assez grand nombre d'écrits. Je commençai par vérifier qu'il renfermait le poëme historique intitulé *le Veus du Hairon*, que nous n'avons pas en France; ce poëme qui met en scène si dramatiquement et avec tant de vérité Robert d'Artois, le roi Edouard d'Angleterre et toute sa cour, a été publié il y a déjà long-temps par M. Buchon, d'après Sainte-Palaye. Je relevai avec soin toutes les inexactitudes de la copie de ce dernier, pour servir à une nouvelle édition si jamais on l'entreprend; ensuite je portai mon attention sur la chronique anonyme de Flandre que renferme le même manuscrit. Je ne crois pas que cette leçon qui est incomplète, vaille la peine, bien qu'elle offre quelques différences avec celle que Denys Sauvage publia à Lyon en 1561, d'être relevée; il en est de même de la traduction française de Guillaume de Nangis par laquelle s'ouvre le volume : la Bibliothèque royale en possède plusieurs exemplaires beaucoup plus corrects.

Le manuscrit 410, ayant appartenu à la bibliothèque de Daniel, me fournit l'occasion d'une vérification curieuse que j'ai signalée depuis mon retour à M. Francisque Michel, qui vient de publier la vie de Merlin attribuée à Geoffroy de Monmouth. Dans ce recueil, en effet, ainsi que le fait observer M. de Sinner, au tome premier de son catalogue, l'ouvrage de Geoffroy est dédié, non pas comme dans les éditions imprimées jusqu'ici, à Robert, comte de Glocester, mais au roi Etienne, ou pour mieux dire, il l'est à la fois à tous deux. Voici, en effet, les paroles de l'auteur : *Opusculo meo, Stephane rex Angliæ, faveas, ut si te doctore, te monitore corrigatur; quod non ex Gaufridi fonticulo censeatur extortum, sed sale minervæ tuæ conditum.... Tuque Roberte, consul Claudicestrie, alta regni nostri columna, operam adhibeas tuam, ut utriusque moderatione communicata, editio in medium producta et pulchrius elucescat*, etc.

Le titre : *Vie de saint Louis*, avec cette courte mention, *implet folia* 73, qu'on trouve au catalogue Sinner, pour le manuscrit 191 (treizième siècle), et cet autre en latin, d'un manuscrit français : *Anonymi chronicon regum Francorum ab origine gentis usque ad obitum Ludovici* VIII (manuscrit 607, treizième siècle), avaient depuis long-temps éveillé mon attention. Dans mon désir de rencontres heureuses, je ne supposais rien moins, pour le premier, qu'une vie de saint Louis inédite, ou peut-être un manuscrit de la chronique de Joinville, qui permettrait enfin de publier, avec l'orthographe et le langage de son temps, le récit jusqu'ici défiguré du naïf et bon chevalier !... mais ma joie fut de courte durée : j'avais affaire tout simplement à une traduction de Guillaume de Nangis.

Quant à la deuxième chronique, je n'eus pas de peine, tout d'abord, à y reconnaître, au lieu de ce que j'attendais, la chronique de Saint-Denis, rédaction du ménestrel anonyme du comte de Poitiers, ainsi que le prouve le prologue ; mais en examinant le manuscrit, je trouvai, après un livre de blason où l'on fait remonter l'usage de cette coutume à Alexandre-le-Grand, un fragment, malheureusement fort court, d'un ouvrage sur l'art de la guerre, à l'un des chapitres duquel j'emprunte les détails suivants, qui ne sont pas sans intérêt pour l'histoire de la musique militaire chez nos aïeux : *Il a en la légion trompeurs, corneurs et buisineurs. Trompeurs trompent quand li chivalier doivent aller en la bataille et quand ils s'en doivent retourner aussi. Quand li corneurs cornent, cil qui portent les enseignes lor obéissent et s'émeuvent, mais non pas li chivalier. Toutes les fois que li chivaliers doivent issir pour faire aucune besogne, li trompeurs trompent ; et quant les banières se doivent mouvoir, li corneurs cornent. Encore y avoit ça en arrière, une autre manière d'instrumenz que l'en apeloit clasiques ; et je cuit l'en les appelle orendroit buisines.*

Le reste du chapitre manque.

Parmi les autres manuscrits historiques que j'ai examinés, mais sur le contenu desquels il serait trop long de donner ici des détails, je citerai le n° 280, in-folio, du quatorzième siècle qui renferme la chronique de Guillaume de Tripoli, encore inédite, mais dont on possède plusieurs exemplaires à la Bibliothèque royale ; le manuscrit 309, qui porte la signature de Fauchet, puis celle de Bongars (quinzième siècle), et qui offre une histoire des comtes d'Anjou, depuis le temps de Charles-le-Chauve jusqu'à la mort de Geoffroi Plantagenet ; le n° 307, qui contient l'histoire orientale de Jacques de Vitry, avec des passages nouveaux ; le n° 340, où l'on trouve une histoire des guerres saintes, depuis Godefroy jusqu'en 1228, manuscrit entièrement inédit, à l'exception d'un passage cité par Bongars dans la préface des *Gesta Dei per Francos*, et qui date du commencement du treizième siècle, ainsi que le prouve cette mention finale : *Cest conte de la terre d'outre-mer fist faire le trésorier Bernard de sain Pierre de Corbie, en l'an de l'incarnacion* 1232. Vous pourriez, monsieur le ministre, demander une copie de ce manuscrit, qu'il serait important de mettre au jour pour éclaircir bien des faits restés obscurs dans l'histoire des premières croisades, et qui d'ailleurs, se rapprochant par sa date de l'époque à laquelle fut écrite notre première chronique (celle de Ville-Hardouin), offrirait encore, pour les origines de notre langue, un grand intérêt philologique. Je me permettrai également de vous signaler une chronique inédite du commencement du seizième siècle, qui raconte les guerres de nos pères en Italie. C'est *la chronique de Gennes, composée en françois par Alexandre Sauvaige, de nation génoise, à la requeste du sire de Champdenier, pour lors gouverneur du dit Gennes, soubz très haut, très puissant et très excellent prince*

Loys douzième, roi de France. On pourrait en extraire, au moins, tout ce qui a trait à nos armes.

J'ai examiné aussi un manuscrit français, qui appartenait jadis aux archives de Berne, et qui n'a été que récemment joint à ceux que contient déjà la bibliothèque de cette ville, ce qui explique comment l'exact M. de Sinner ne l'a point porté dans son catalogue. Ce manuscrit, grand in-8°, écrit sur papier et chargé de ratures, offre sur son premier feuillet de garde l'inscription suivante, en caractères de la fin du quinzième siècle : *Ce présent livre, contenant les loix, ordonnances ou statuts de la discipline militaire de excellent et invincible prince Charles, duc de Bourgogne, fut prins et gaaignez à la bataille de Morach, le seiziesme jour de juin, l'an de grâce mil quatre cent septante et six. Et fut trouvé en la propre tente et pavillon du dict excellent et très-puissant prince et duc.* J'ai fait une copie très-exacte de tout ce que présente de curieux ce manuscrit, tant sous le rapport réglementaire que sous celui de l'équipement des troupes, et je me propose de la publier prochainement avec les extraits que j'ai empruntés aux manuscrits purement littéraires dont je vais avoir l'honneur de vous entretenir.

Ces manuscrits, monsieur le ministre, sont en assez grand nombre, et presque tous remontent au treizième siècle. Je commençai leur examen par le manuscrit n° 354, dont l'histoire, au moins singulière, mérite d'être rappelée ici. Ce recueil in-4°, écrit sur parchemin, passa des mains du célèbre imprimeur Henri Estienne et de Goldast, dont il porte les signatures, dans celles de Bongars, avec les autres trésors duquel il arriva à la bibliothèque de Berne. En 1809, M. Méon ayant désiré en prendre connaissance pour rendre plus complète son édition de nos vieux fabliaux, le ministre des affaires étrangères de cette époque fit demander en Suisse communication de ce manuscrit par l'ambassadeur de France. La ville de Berne se prêta à ce désir de la meilleure grâce du monde, et le manuscrit fut remis à M. le comte de Talleyrand, qui l'envoya à M. le duc d'Otrante, alors ministre de l'intérieur. Celui-ci reçut avec intérêt ce précieux héritage d'Henri Estienne, et le montra comme une chose remarquable à plusieurs personnes, mais sans se presser de le faire parvenir à M. Méon. Bref, le manuscrit disparut tout-à-coup du cabinet du ministre, sans que, jusqu'en 1836, il ait été possible de savoir ce qu'il était devenu. A cette époque seulement, M. Louis de Sinner fut prévenu qu'il se trouvait chez M. Crozet, libraire de la Bibliothèque du Roi, lequel venait de l'acheter avec les livres du fougueux rival de Benjamin Constant et de Foy, le célèbre orateur Manuel. Ce libraire, auquel le manuscrit avait sans doute coûté peu de chose, en demanda mille francs, bien qu'il appartînt à un établissement scientifique, et la bibliothèque de Berne, dans la crainte de voir ce volume passer dans des mains étrangères, fut obligée de le tirer à prix d'or du *carcere duro* où il gisait, et de payer la somme exigée. Voilà comment il se trouve aujourd'hui réintégré dans son ancien dépôt. Toutefois, avant qu'il sortît de France, pour n'y jamais rentrer, il est à croire, M. de Sinner voulut bien me le laisser consulter durant quelques heures, et j'en profitai pour y copier plusieurs pièces relatives à divers métiers du treizième siècle, pièces que j'ai publiées depuis. (Paris, 1838, à la librairie des *Sociétés savantes*, rue de Seine, n° 23.)

Par tout ce qui précède on concevra que ce fut avec plaisir que je revis le manuscrit 354, et que je pus à loisir en achever à Berne l'examen commencé à la hâte huit mois auparavant à Paris. Aussi ne laissai-je point passer une seule des pièces qu'il contient sans la parcourir ; et si le temps ne m'avait fait défaut, j'aurais essayé la transcription de toutes celles que je savais être inédites. Malheureusement cette besogne aurait été de trop longue durée, et je dus me borner à copier les plus importantes. Je compte les livrer prochainement à l'impression.

Le manuscrit nº 389, qui a pour titre : *Chansons françaises fort anciennes*, succéda entre mes mains au manuscrit numéro 354. Ce recueil, extrêmement important pour notre ancienne littérature remonte au treizième siècle. Il renferme environ quatre cents chansons appartenant à plus de quatre-vingts auteurs qui ont vécu avant l'année 1300. On remarque surtout parmi eux : La dame de Fael, célèbre par la mort tragique de son amant, le châtelain de Coucy ; — Quesnes de Béthune, l'un des ancêtres de Sully, et l'un des plus braves guerriers de la croisade de Ville-Hardouin ; — Le roi Richard Cœur-de-Lion ; — Audefroy-le-Bâtard ; — Gélibert de Berneville ; — Blondel ; — le duc de Brabant ; — le comte d'Anjou ; — Raoul de Soissons ; — le roi de Navarre ; — le vicomte de Chartres ; — le comte de Coucy ; — Raoul de Ferrières ; — la duchesse de Lorraine, etc., etc. Les compositions de ces nobles ménestrels sont toutes pleines de naïveté, quelques unes de sentiment et de grâce ; et un certain nombre d'entre elles ont trait à la politique de l'époque. C'est ainsi qu'il y en a qui approuvent et d'autres qui blâment très vertement les croisades. Je me suis empressé de prendre copie de celles que nous n'avions pas à Paris.

Dans le manuscrit nº 296, in-4º, écriture du treizième siècle, coté au dos sous ce titre : *Romans des faits et avantures de Guillaume d'Orengis* (*sic*), qui contient l'immense poëme carlovingien de Guillaume au-Court-nez, faisant partie du cycle des romans des douze pairs, j'avais espéré rencontrer la branche qui manque aux manuscrits de Paris (*comment Guillaume se combatit au diable en construisant un pont*), et je me proposais d'en prendre copie pour M. Thomassy, mon collègue à la Société royale des antiquaires, qui s'occupe de ce sujet (1) ; malheureusement toute la dernière partie de l'œuvre de Guillaume de Bapaume, ainsi que le roman d'Aymeri de Narbonne, qui la précède dans les manuscrits de Paris, manque à celui de Berne. Je regrettai beaucoup cette circonstance, qui me privait d'être utile à un confrère et au public, mais je regrette encore plus que le comité de la langue et de la littérature française n'ait pas donné suite à l'idée qui semblait avoir pris faveur auprès de lui de charger un de ses membres les plus distingués, M. Fauriel, de présider, sous vos auspices, monsieur le ministre, à la mise en lumière de nos antiques épopées chevaleresques. Certes, c'était là pour nos origines littéraires une pensée et une mine fécondes.

Le manuscrit nº 113 que j'examinai ensuite renferme un grand nombre de compositions. La première, qui n'a pas moins de vingt-neuf mille vers, est le roman de *Garin le Loherain*, dont les premières branches ont déjà été publiées par M. Paulin Paris. Ce beau poëme est complet dans le manuscrit de Berne, et ne se ter-

---

(1) M. Thomassy, qui a fait plusieurs voyages aux lieux mêmes où, selon le poëme, se passa le *moinage* de Guillaume (à Saint-Guilhem-du-Désert), croit y avoir retrouvé, mais en prose, les légendes qui composaient la dernière branche. Espérons cependant que la fin de cette vaste épopée n'est point tout-à-fait perdue, et que quelque jour les recherches de l'un de nos érudits feront surgir de leur tombeau, comme un nouveau Lazare, les vieilles rimes carlovingiennes.

mine qu'à la mort du héros qui est l'âme du récit. Il serait important d'en recueillir les variantes. La deuxième composition du volume est le roman de *Perceval le Gallois* ou du *Saint-Graal*, encore inédit, et qui n'a guère moins de neuf mille vers. Elle est suivie de plusieurs écrits en prose relatifs à la Terre Sainte, parmi lesquels je me suis attaché surtout à collationner sur l'édition qu'on en trouvera dans les notes de mon premier volume de Rutebeuf, d'après les manuscrits de Paris, la lettre de *Prestre Jehan à l'empereur de Rome*. J'ai pris note des variantes qui m'ont paru importantes, et j'en ferai usage dans un mémoire que je me propose de publier touchant cette vieille fable nestorienne si intéressante.

On trouve encore dans ce manuscrit le roman intitulé : *Les Moralitez de tous les philosophes*, dû à Alars de Cambray, qui s'y nomme lui-même avec assez peu de modestie (1); la *complainte de Jérusalem contre la cour de Rome*, virulente et curieuse satire qui n'existe que là ; — le roman de *Durmart* ou de *Durdemert*, ancienne légende galloise en vers de huit syllabes, dont je donnerai l'analyse fidèle ; — des strophes sur la mort, qui ne sont pas, quoi qu'on en ait dit, de Hélinand, mais bien de Thibaut de Marly ; — enfin, un fragment d'environ deux cents vers, d'une écriture fort difficile à lire, et dans lequel je n'hésite pas à voir une partie de la *chanson d'Antioche*, si célèbre dans nos romans du moyen âge, mais qu'on n'a trouvée nulle part jusqu'à présent.

J'ai pris copie de la plupart de ces pièces, et elles ne tarderont pas à voir le jour.

Je ne parlerai que pour mémoire du manuscrit du treizième siècle numéro 320, intitulé : *Poemata rhythmica de bello sancto*, qui contient le roman du chevalier au Cygne ; — du manuscrit 573, où sont célébrés les exploits de Charlemagne dans la fabuleuse expédition de Jérusalem que lui attribue la chronique de Turpin ; — du manuscrit 388 (treizième siècle), qui renferme, après une vie de saint Jean-Baptiste en vers de huit syllabes, les prophéties de Merlin, *qui sont*, dit l'auteur, *translatées du latin en françois, que Feudris li empererès les a faites translater porce que li chevaliers et les autres gens laïcs les entendent miaus et puissent prendre aucuns bon essample*; plus, le roman des Sept Sages de Rome ; — du numéro 238, qui contient le roman de Cléomades, rimé par le roi Adenès, dont les collaboratrices à cet ouvrage furent Blanche d'Artois et la reine Marie de Brabant, femme de Philippe-le-Hardi ; — du numéro 218, qui contient les poésies de Guillaume de Machault ; — du numéro 393, qui contient une espèce d'*image du monde* (*astronomia poetica*, dit le titre du *recueil*) ; — du numéro 217, où j'ai trouvé, après la vie de saint Louis, traduite de Guillaume de Nangis, un petit poëme intitulé : *Le chapel des trois fleurs de lys*, qui contient d'excellents préceptes à l'usage des chevaliers, des clercs, des croisés, etc. J'ai extrait de ces divers recueils tout ce qui m'a paru devoir présenter quelque intérêt scientifique.

Je terminai mon examen des manuscrits de Berne par le manuscrit 141, renfermant une grande collection de lettres autographes réunies par Bongars. J'y en trouvai une latine de Cujas avec cette inscription : *Josepho Hastenio*, dont je pris copie pour l'érudit éditeur de

(1) Je Alars, qui sui de Cambray,
Qui *de maint bel mot* le nombre ay,
Vos vuel ramentevoir par rime, etc.

Boileau, M. Berriat de Saint-Prix, qui s'occupe d'un travail important sur le père de notre droit. J'y vis aussi beaucoup d'autres lettres de Charles IX, de l'amiral de Coligny, de Claude de Lorraine, de Scaliger, de Casaubon, d'Erasme, de Calvin, de Juste-Lipse, de Henri IV, etc. J'en publierai quelques unes lorsque j'aurai reçu la copie des lettres originales de Louis XI et de Henri IV, relatives aux affaires suisses, que je fais prendre dans les archives de Berne, ainsi que la transcription du récit encore inédit de la Saint-Barthélemy, adressé de Paris quelques jours après l'événement par les envoyés protestants de Strasbourg. L'existence de ce dernier m'a été signalée par l'historien récent de la ville de Berne, M. le landamann de Tillier, et celle des autres par M. Stapfer, premier secrétaire d'état de la république, qui m'a reçu avec une cordialité dont je garderai longtemps le souvenir.

Le dernier manuscrit de la bibliothèque de Berne que j'ouvris n'était pas, comme vous l'allez voir, monsieur le ministre, le moins intéressant. Ce fut le manuscrit n° 205, in-folio, sur papier (quinzième siècle). J'y trouvai, au milieu d'un océan de choses inutiles, diverses pièces rimées touchant la paix d'Arras, faite entre le duc de Bourgogne et le roi, puis un drame tout entier, dont je pris copie, relatif au concile de Bâle de 1431, et dont les personnages sont le Concile, la France, la Paix, la Réformation, l'Église, l'Hérésie, etc. Ce drame est curieux en ce qu'il reflète exactement les opinions théologiques et politiques de son temps. Enfin je trouvai ce que je cherchais surtout dans ce manuscrit : c'était un poëme de plus de cinq cents vers, ayant pour auteur Christine de Pisan. Ce poëme est tout entier à la louange de Jeanne d'Arc, qui vivait encore lorsqu'il fut composé. Il redresse d'ailleurs une erreur généralement adoptée jusqu'ici. Tous les biographes, en effet, qui ont écrit sur la vie de Christine de Pisan, de même que les bibliographes qui ont parlé de ses œuvres, ont placé la mort de cette femme célèbre vers 1415, après la bataille d'Azincourt et l'achèvement du *Chemin de longue estude*, grand et curieux ouvrage composé par elle à l'âge de cinquante-deux ans. Or, la première strophe du poëme de Christine nous apprend que lorsque Charles VII, alors dauphin, se fut enfui de Paris en l'année 1418, elle se renferma dans un cloître où elle resta onze ans. Elle dit même très positivement, deux strophes plus loin, qu'elle écrit ses vers en l'an 1429 (époque de la levée du siége d'Orléans par les Anglais) ; aussi nous montre-t-elle la France heureuse déjà par avance, et le *dejeté enfant* de son ancien souverain s'avançant *comme roi couronné, en grande puissance et chaussé de l'éperon d'or.* La date que je viens d'indiquer prouve donc que Christine de Pisan a vécu jusqu'en 1430 au moins. J'ajouterai que l'âge de soixante-sept ans, qui lui est donné par cette date, n'avait encore détruit ni sa verve, ni sa chaleur poétique, et que les sentiments qu'elle exprime rallument en elle toutes les illusions, tout l'enthousiasme de la jeunesse.

Tel est à peu près, monsieur le ministre, le résultat des recherches auxquelles je me suis livré dans la bibliothèque de Berne. Je dis *à peu près*, car je n'ai pu tracer ici que l'ensemble de mes investigations. Les détails trouveront leur place dans diverses publications que je prépare.

Mais avant de terminer ce rapport, déjà trop long, permettez-moi, monsieur le ministre, de le compléter en vous disant que j'ai obtenu aussi dans ce qui formait le second but de mon voyage, tout le succès désirable. Dès mon arrivée à Berne, j'avais, par une lettre adressée à la municipalité de cette ville, et vivement appuyée par M. le comte

Reinhart (1), demandé qu'on voulût bien me laisser examiner, et peut-être dessiner, les dépouilles conquises sur Charles-le-Téméraire. L'obtention de cette faveur n'était pas sans difficulté ; d'abord parce qu'on a l'habitude à Berne de n'exposer ces objets que tous les cinq et six ans, lors de l'ouverture de la diète ; ensuite, parce que ces tentures exigeant pour être déployées beaucoup de place, il fallait en quelque sorte s'emparer de la cathédrale. Or, comme il s'agissait de les y laisser pendant un temps assez considérable, leur exhibition pouvait gêner les cérémonies religieuses. Tous ces obstacles, monsieur le ministre, furent aplanis par les commissaires chargés de la conservation de ces derniers débris de la puissante maison de Bourgogne, et tout le temps nécessaire me fut accordé pour les faire dessiner. A l'heure qu'il est, quatre jeunes artistes bernois, MM. Jules de Sultzer, Von-Arx, Durheim et Bergner, sont occupés à ce travail, qui est immense. En effet, malgré les dévastations du temps et celles des hommes, le trésor de la cathédrale de Berne contient encore cinquante quatre objets provenant du Téméraire. On y remarque dix tapisseries (dont deux ont environ trente pieds de longueur), représentant, les unes, quelques traits de la vie de Trajan ; les autres (celles-ci viennent, je crois, de Lausanne), la vie de saint Vincent, patron de la cathédrale de cette ville ; les dernières enfin, les conquêtes de César.

Toutes ces vénérables tentures sont accompagnées de légendes explicatives en français, en vieil allemand, en latin, et retracent avec la fidélité d'un tableau contemporain les meubles, les armes, l'architecture, le costume de la cour de Philippe-le-Bon. Il y a mieux : César, dans celles qui représentent la vie de ce héros, est toujours le véritable portrait du duc lui-même. Les autres personnages, Pompée, Brutus, Caton, etc., offrent au spectateur celui des grands seigneurs de la cour de Bourgogne, ainsi que j'espère pouvoir le prouver d'une manière certaine dans l'ouvrage auquel le dessin de ces tentures est destiné.

J'ai profité aussi de l'exposition de tout ce que contenait le trésor de la cathédrale pour prendre copie d'autres objets, dont quelques uns sont du plus haut intérêt. Il y a surtout, en outre de plusieurs cottes d'armes blasonnées, de manteaux de parade éblouissants d'or et de velours, de tapis de pied grandioses, de drapeaux marqués d'un double C et de la croix de Bourgogne, d'ornements sacerdotaux du quatorzième siècle, etc. ; il y a surtout, dis-je, quatre parements d'autel, avec des figures brodées, qui sont d'une haute antiquité. Un d'entre eux, représentant la Passion, remonte environ au quinzième siècle, un autre au treizième ; les deux derniers, dont les broderies sont exécutées dans le style des figures byzantines, doivent être au moins du douzième siècle.

Enfin, monsieur le ministre, je fais exécuter au Musée de Berne un fac-simile, aussi exact que possible, d'un objet qu'on a jusqu'ici appelé le *prie-Dieu du duc de Bourgogne,* et qui servait très certainement dans la chapelle de ce prince, mais que je ne sais trop sous quel nom désigner. Rien de plus riche que cet ornement, dont la dimension est d'environ deux pieds carrés, et qui ressemble à la couver-

---

(1) J'ai trouvé à Berne, en l'absence de M. de Montebello, la plus grande obligeance auprès de M. le comte Reinhart et de M. de Montigny, qui dirigeaient l'ambassade. Je me plais à en témoigner ici hautement toute ma reconnaissance à ces messieurs.

ture d'un in-folio ; seulement à une couverture décorée de pierres précieuses et de peintures sur fond d'or fort anciennes.

Je destine tous les dessins originaux de ces objets (1), lorsque j'en aurai fait exécuter une gravure, à être offerts, par votre entremise, à la Bibliothèque royale (2). En attendant, monsieur le ministre, je vous adresse avec ce rapport un assez bon nombre d'ouvrages, dont quelques uns sont rares et précieux, et qui m'ont été remis par leurs auteurs ou possesseurs, avec prière de les présenter de leur part, à titre d'hommage, au grand établissement scientifique dont je viens de parler (3). Tout le monde, en effet, comprend très bien, à l'étranger,

---

(1) J'y joindrai la copie de deux fresques curieuses, datant, non de 1295 comme on l'a cru jusqu'ici par erreur, mais de 1495, et qui se trouvent entre deux portes, dans le coin le plus obscur de l'église catholique à Berne. L'une représente l'arbre généalogique de la Vierge, l'autre celui de saint Dominique.

(2) Afin d'être bien assuré de l'exactitude des artistes chargés de la reproduction des tapisseries de Berne, j'ai formé une commission composée de trois juges éclairés, MM. Trechsel, Zerléeder et May de Buren, qui ont bien voulu se charger d'examiner le travail et de ne me l'adresser qu'autant qu'ils en seraient satisfaits.

(3) Parmi ces ouvrages je citerai seulement les suivants : — La Danse des morts de Bâle, in-4°, avec quarante-deux gravures sur acier, plus un texte français et un texte allemand. — Recueil des Anciens meisesingers allemands, publiés par M. Guillaume Wackernagel, deux volumes in-8°. — Description des Anciennes poésies allemandes contenues dans la bibliothèque de l'université de Bâle, par le même, in-4°. — Helperici, sive, ut alii arbitrantur, Angiberti Karolus magnus et Leo papa, poëme latin mis au jour d'après un manuscrit du neuvième siècle, par M. Gaspar Orelli. — Les Antiquités de Zurich, bel ouvrage in-folio, de 66 planches coloriées avec soin. — Les Ponts de Lucerne, bel ouvrage in-folio, format d'Atlas, contenant 73 planches. — La Danse des morts de Lucerne, 7 planches in-folio, d'après Méglinger. — Antiquités de la Suisse, par Muller, 2 volumes in-4°, avec de nombreuses planches en cuivre, offert avec un plan de Fribourg, par M. le comte de Mulinen. — Dix volumes offerts par la Société des histoires suisses, grâce à la bienveillante intervention de M. Zerléeder. — Histoire de Nicolas Manuel, qui fut à la fois peintre, soldat, ambassadeur, 1 vol. in-8°, offert par M. Stapfer. — Galeries d'antiquités et de curiosités historiques de la Suisse, grand ouvrage in-folio, avec planches offert par M. Schmidt, de Berne. — La Danse des morts de Berne, d'après Manuel, in-folio, donnée par le même. — Recueil des objets provenant de la bataille de Sempach, in-4° donné par M. le colonel May de Buren. — Histoire de Genève depuis son origine, par Thourel, 3 vol. in-8°, offert par l'auteur. — Essai sur la littérature des Goths, par M. Favre Bertrand, in-8°. — Catalogue des manuscrits de la bibliothèque de Genève, remis par M. Humbert, 1 vol. in-8°. — Pancarte arabe très riche, prise dans la ceinture du commandant de Grabuse, en Crète, par Démétrius Kalergi, capitaine de Palicares, donnée par lui à M. Bétant, secrétaire de M. le comte Capo d'Istrias et par celui-ci à M. Humbert, qui l'offre à la Bibliothèque royale. — Catalogue des livres imprimés de la bibliothèque de Genève, par M. Vaucher, 2 vol. in-8°, etc.

Ces ouvrages sont accompagnés d'un assez grand nombre de planches

que la Bibliothèque royale de Paris, grâce aux facilités qu'y trouvent les savants de tous les pays, fait en quelque sorte les frais de l'instruction européenne; et voilà pourquoi les sociétés savantes et les érudits se montrent fiers de lui pouvoir offrir leurs travaux. J'acceptai d'ailleurs avec d'autant plus de plaisir la commission dont je m'acquitte, qu'au moment où je la recevais, monsieur le ministre, je lisais dans les journaux que, par un acte de générosité qui vous honore, mais qui se trouvait ainsi transformé, à votre insu, en un acte de réciprocité, vous venez de promettre à un savant étranger, M. Humbert, pour la bibliothèque de Genève, la collection des livres arabes, sortis, aux frais du gouvernement, des presses de l'imprimerie royale. Puisse continuer de la sorte à s'établir entre les nations cet échange de lumières, cette sainte confraternité de la science, dont il appartenait à votre haut jugement de donner l'exemple, de même qu'il appartenait aussi à vos idées de nouvelle organisation de développer et d'étendre chez nous, à l'avantage de tous, le bienfait des bibliothèques publiques!

J'ai l'honneur d'être, monsieur le ministre, avec un profond respect,

Votre très humble et très obéissant serviteur,

Achille Jubinal,

Ancien élève de l'école royale des chartes, membre de la société royale des antiquaires de France.

---

lithographiques représentant divers objets dignes d'intérêt, et seront suivis d'autres volumes parmi lesquels il faut remarquer surtout les publications d'anciennes poésies allemandes; dont M. le comte Joseph de Lassberg, l'un des plus riches bibliophiles d'Europe et l'un des hommes les plus instruits de l'Allemagne, m'a promis de faire hommage à la Bibliothèque royale.

D'AVOIR ET DE SAVOIR.

(MANUSCRIT 354.)

JEHANZ DE CHOISI viaut veoir *,
S'an lui a tant san ne savoir,
Qui que doie ses dis avant metre,
Car un fablel voil conmancier,
Ne jà ne lo voré laissier
Por poine qu'il li doive metre,
Qui de son san voldrá trover;
Et si lo vos voldra prover
Li qex vaut miaux, sans o avoir :
Et ce ci volez demorer
Tant con vos lo m'oiez conter,
Encui lo vos ferai savoir,
Je n'en lairai jà rien por voir,
Car il viaut cuer metre et panser,
Et lui traveillier et pener :
Car qui vialt de ce entremetre,
Tel cuer o tel poine i doit metre
Que il en sache lo voir dire.
Encor me vient-il à talant,
Car moult boen corage m'en prant,
Que de l'avoir die devant :
Il n'est nul hom tant soit malvais,
Tant soit d'or leu ne de punais,
S'il a avoir ne soit avant;
Don JEHANZ dit que c'est domages

* Jehan de Choisi est auteur de plusieurs autres pièces, parmi lesquelles il faut citer surtout le *Dit des changeors*. (Voyez ma publication intitulée : *Lettre au directeur de l'Artiste touchant le manuscrit de la bibliothèque de Berne*, n° 354. Paris, 1837.)

Quant le bons povres qui est sages
Est por avoir arrière mis,
Et qui est de noiant estrez
Est por son savoir avant traiz.
Avoirs ne puet larg'ome amer,
Avoec lui ne viaut demorer.
Avoirs ne set o il s'anbat;
Sovant avient qu'il se départ (*sic*)
De là o il est enploiez;
Don di qu'il s'est bien desvoiez.
S'avoirs saust nul bien entandre,
Toz voz jauz se devroit-il prandre
Là où en feroit de lui feste,
Si con de boivre o de mangier,
Et de vestir et de chaucier.
Avoir si est de tel nature,
Qu'il n'ait de demorer cure
Ou leu où a esté norriz:
Et qant il s'an est eschapez,
Qu'il est en autre leu alez,
Il li revient moult à enviz,
De ce ne vos quier-je mantir;
N'est nus de nos qui naist san;
Où qu'aucune foiz oie n'an;
Puis par avanture avenoit
Que il en povreté chäoit;
Cez cui il avoit plus amez
Et chier tenuz et enorez,
Ce sont icil qui mains l'ont chier;
Si lo gardent et tiennent chier.
Por ce vos voil faire savoir,
Ycil ont droit qui ont avoir;
Car cil qui riches a esté,
Et il revient à povreté,
Toz li mondes dit qu'il rasote,
Et li metent sus qui rasote;
Puis qu'il a perdu son avoir,
Jà n'aura tant de savoir
Que tuit ne l' volent estrangier;
Et tant con il est d'avoir riches,
Il n'ert jà d'avoir si riches;

Don li vilains dit an retrete
Mout bon motz, et si ne s'i gaite,
Car garde ne s'i sot doner,
Et puis s'i lait achatoner.
Moult puet avoir le cuer iré,
Qui prémièremant a alé.
Avoirs si est de tel afaire
Qu'il fait les desloiautez faire;
Il fait les larrons devenir;
Car à avoir volent venir,
Que li fiz en traïst lo père
Et la fille en traïst la mère.
Quant le fiz o la fille a fait
Tant qu'ele a lo père fortrait,
Jà puis ne lo querroit véoir
Quant il a perdu son avoir;
Por ce doit estre moult iré
Icil qui a éu planté.
Avoir fait moult de mesprison:
Fame en laisse son baron
Et baron en laissent lor fames,
Don je di grant desloiauté;
Car i vont contre autorité,
Et se perdent ansin lor ames:
Mais bien sachent que mar lo font.
Un jor vanra que il voront,
Que il ne s'an porront partir.
Avoir met le home en seignorie,
Avoir li fait les grant baillies,
Par coi il iert moult chier tenu.
Moult est cil serviz et amez;
Et chier tenuz et henorez;
Qui à grant avoir est venuz;
Assez a paranz et coisins:
Moult a et amis et voisins,
Tandis con il n'en a mestier,
Li promet chascuns à aidier,
Mais por ce, nule rien n'i met.
Tex hom s'antremet de prometre,
Que, s'il li cuidoit antremetre,
Que rien ne li prometeroit;

Se savoit q'an aust mestier,
Tex hom li promet à esdier,
Qui, sachiez bien, si se teroit.
Mais en doit bien por fol clamer
Qui de biau parler est aver
De ce que rien ne coste à dire;
Car qui se puet, por biau parler,
San mal metre, et faire amer,
Certes l'an n'en puet nul mal dire.
Avoirs met l'ome bas et halt;
Sovant li fait saillir maint salt:
Il lo met so pié à cheval,
Et quant il a si haut monté
Que cuide avoir tot sormonté,
N'en set-il mot; si r'est aval.
Don je di nul qui ait savoir
Ne ne devroit jà por avoir,
Ce sachiez bien, estre orgoillex;
Car orgoil si vient de folie.
Piéçà que l'avez oï dire,
Si con je cuit, ci et aillors:
Seignor, moult est bons li avoirs,
Mais je pris assez mialz savoir,
Que nos lo devons moult amer;
Car cil qui n'ont point de savoir,
Sachiez, s'il en volent avoir,
Trover lo covient moult amer.
Nus hom n'ert jà d'avoir si riches,
S'il est d'avoir et fox et nices,
L'avoir puet bien de lui partir:
Moult miauz doit-en amer savoir.
Assez q'an ne face l'avoir,
Qui lo meillor en set partir:
Car cil qui part et lo pis prant,
Ne puet chaloir si s'an repant
Quant il ne vialt lo meillor prandre;
Car cil qui eslite de ij (*sic*)
Doit adès prandre lo meillor.
Itant vos en voil-je aprandre:
Jà nus hom n'auroit tant avoir,
Qu'il ne l' perde, s'il n'a savoir.

Sovant véez cui il avient;
Por ce vos voil-je bien aprandre,
Cil qui lo meillor en vialt prandre,
Que se il puet à san se tient;
Et si di jà por nul meschief
Ne doit-en à savoir changier,
Ne por povreté vil tenir;
Quar qui n'a rien en son avoir,
Por son savoir vient à avoir:
Sovant lo véez avenir.
Seignor, or ez grant despit; (*sic*)
Je vos ai cest essample dit,
Que je voil chacuns l'antande;
Et se vos très bien m'antandez,
Cuer et oroilles i metez.

Ci finit do Sanz et do Savoir.

LA PATENOSTRE L'USERIER.

(MANUSCRIT 354.)

Qui viali la patenostre oïr,
A l'usurier et retenir
Face pais, s'escout un petit;
Je li dirai con il la dit.
Quant li usuriers est levez,
Et vestuz s'est et atornez,
A son huis vient, et si se seigne;
« *Pater noster*, fait-il, enseigne,
Bajaisse, à cax qui me querront*,
Et qui deniers enprunteront
O qui vandront por enpruntier,
C'au mostier me porront trover.
Qui es in celis: Combien a
Que cil qui arsoir** me poia
Enprunta de moi les deniers?
Il a plus de ij. mois entiers.
Santificetur; gabé m'a;
Di va, sez-tu qui me poia?
Mesconté m'a. *Nomen tuum*:
Gardez moult bien ceste maison.
Qui es in cilis; fai porrée;
Pran la pièce de char salée.
Sanctificetur; va arrières;
Garde que fers soit l'uis darrières! »
Lors se met à paine en la voie;

* Ceci est exactement le trait de Tartuffe, disant à son valet :

Laurent, serrez ma haire avec ma discipline,
Et priez que toujours le ciel vous illumine.
Si l'on vient pour me voir, je vais aux prisonniers,
Des aumônes que j'ai distribuer les deniers.

** *Arsoir*, hier au soir.

« *Pater noster :* se je savoie
Qui est qui m'a mesconté,
Bien l'an sodroie monté (*sic*).
In celis sanctificetur :
Que me doit cil delez lo mur ?
Il me doit deniers à planté ;
Ses gages sera resgardé
S'il ne vient. *Nomen tuum,*
Qui est-ce, Richarz de Lisun ?
Que ne me randez vos lo mien ?
— Sire, je vos paierai bien ;
Que vos doi ? Je ne sa, contez,
— Quant jors i a, or entandez.
— Voire, mais je n'ai nul denier.
— Q'est-ce ? Vois-je donc au mostier.
Qui es in celis, plus i a ;
Voire, iiij m'an mesconta ;
Car il est clers, si set de conte,
Moi ne chaut à petit s'amonte.
Une pojoise m'a tolue ;
S'il revient, ele m'ert randue.
Aveniat regnum tuum :
Retorner déusse en maison. »
A tant retorne, et vait arrière,
Ij. foiz ou iij, en tel manière,
Tant qui parvint jus au mostier :
Lors r'est tot à raconmancier :
« *Pater noster,* qui est ?
Qui me requiert de prest ?
Qui es in celis : bien lo sai ;
Que celui à cui je gaaignai
Qui me laissa en tal azur.
In celis sanctificetur :
Que preste-je, *nomen tuum :*
Arsoir de ma borse en maison ?
Adveniat regnum tuum :
Dix sols, sor lo vair peliçon.
Eli a * *voluntas tua ;*
Et ma fame qui represta ;

* *Sic* dans l'original. Il faut évidemment *et fiat.*

Ele refait son prest par li,
Et ma bajasse autresi.
J'ai perdu ; *Sicut in celo* ;
Trop prestai .V. sols sur l'ano,
Bien sui gabez, *Et in terra.*
Panem nostrum, perdu i a,
Cotidianum, à ce saut ;
Et plus que tot lo jone valt.
Da nobis hodie, et dimite nobis ;
El m'a bien engigné,
De .V. sols ou de plus. (*sic*)
Et dimite nobis ; que valt
La chape au clerc de S. T. ? (*sic*)
Ele vaut bien ce qu'il me doit ;
Si la laissoit ne me chaudroit.
Que valent ? *debita nostra* ;
Lo noir plus de x. sax costa ;
Et la chaudière assez plus ;
Sicut e (sic) *nos dimitimus* :
N'i perdrion mie granmant,
Qui or les vandroit à argent,
La perte, *debitoribus* ;
Q'ancor vallent-il assez plus,
Que tant, *e* (sic) *ne nos inducas* ;
Je i pris moult de deniers qu'as.
In tanptationem tot vont.
Sed libera nos : je mesçont.
Ma bejasse me tient por fos ;
Ele me fait autel pot de chos
Con se j'avoie grand mainie :
Chascun jor m'an gaste demie.
Da nobis : de poitevinée
Déust l'an faire grant porrée,
A iij. tanz qu'il n'i a de gent :
El me gaste tot mon argent.
A malo : conpère, alon-an :
A déiable soit-ele, *aman.* »
Onques geline bien rostie
Ne fu à la guise farsie
Que la paternostre a farsie
Li usuriers, cui Dex maudie ;

Il l'ont si farcie et lardée,
Ainz qu'el lor danz se soit volée,
Que à bien po que ele ne criève;
Mais ne me chaut point, ne ne griève,
Car li déiable, lor seignor,
Dedanz enfer, au chief de tor,
Les enmaront, qu'il sont lor mestre,
Et il i déussent jà estre.
Ici fine de l'usurier,
L'ame et son cors en un fumier.*

Ci fine la Pater-nostre

* On trouve une pièce portant le même titre que la nôtre, mais dont le texte est tout différent, page 99 du IVe volume des fabliaux de Méon, qui l'a tirée du manuscrit 7218, de la Bibliothèque royale.

DE NOSTRE SIGNOUR.

(MANUSCRIT 389.)

Jérusalem se plaint et li païs
Où dame Deu sosfri mort bonnement
K'en jusc'à meir ait pou de ces amis
Ki de secors li faicent meix noiant,
S'il sovenist chascun de l' jugement
Et de l' saint leu où il sosfri torment
Quant il pardon de sa mort fist Longis,
Lou descroixier féissent mult envis;
Car qui por Deu prend la croix purement,
Il lou renoie à jor ke il la rant
Et com Judas faudrait en paradix.

Nostre pastor gairdent mal lor brebis,
Qant por deniers chascuns à louf la vant;
Maix li péchiés les ait si tous sospris
K'il ont mis Deu en obli por l'airgent.
Ke devanront li riche gairnement
K'il aquastent aisseis vilainnement
Des faus louuiers k'il ont des croixiés pris *?
Saichiés de voir k'il en seront repris
Se loiaultés et Deus et fois ne ment.

* Ce passage me semble être une allusion aux acquisitions que le clergé, profitant du besoin d'argent qu'avaient les seigneurs en partant pour les croisades, faisait d'eux à vil prix. C'est aussi à ce propos que Rutebeuf dit :

« Cuidiez-vos or que la croix preingne
Et que je m'en voise outre meir,
Et que les .C. soudées deingne
Por .XL. eeus reclameir? »

Retolut ont et Aicre et Belléem
Ceulx ke chascuns avoit à Deu promis.

Ki oseroit jamais en nul sermon
Pairleir en plaice n'en moustier,
Ne annoncier ne bienfait ne perdon
Chose ke puéent nostre Signor aidier
A la terre conquerre et guaignier
Où de son sanc paioit nostre ranson?
Signor prélat, ceu n'est ne bel ne bon
Ke son secors faites tant detrieir :
Vos aveis fait, ceu puet-on tesmoignier,
De Deu Rollant et de vos Guinillon.

En celui n'ait mesure ne raison
Ki ceu cognoist, s'il n'aue à vangier
Ceauls ki por Deu sont de lai en prixon
Et por osteir lor amin de dongier.
Pues c'om i muert, on ne doit resoignier
Poene, n'anuit, honte ne destorbier :
Por Deu est tout kank'on fait en son nom,
K'il en rendroit chascun teil gueredon
Ke cuers d'ome ne poroit esprixier ;
Car paradis averoit de louuier,
K'ains por si pou n'ot nuls si riche don.

CHANSON.

MAISTRE RENAS LA FIST DE NOSTRE SIGNOR.

(MANUSCRIT 389.)

Pour lou pueple resconforteir
Ke tant ai jeüt en tenebrour,
Vos veul en chantant resconteir
Lou grant damaige et la dolour
Ke li paien font outre meir
De la terre nostre Signor.
Cel paix devons-nos clameir;
Car tuit irons à un jor.

Jérusalem plaint et ploure
Lou secors ke trop demoure.

A un jor ki le puet savoir?
Trop ai parleit hardiement.
Certes, Signor, je vos di voir
Ceu iert à jor do l'jugement.
De celle terre sont cil hoir
Ki ont resut baptissement
Où li fils Dieu volt resevoir
Por nos la poene et lou torment.

Jérusalem, etc.

Mult par est grans duels quant on pert
Lou vrai sépulcre où Deus fut mis,

Et ke li saint leu sont désert
Où nostre Sire estoit servis.
Saveis por coi Deus l'ait sousfert ?
Il veult esproveir les amis
Ki servise li ont offert
A vengier de ces anemis.

Jérusalem, etc.

Tous iert li pueples desvoiés
Et torneis à perdition,
Maix la croix les ait ravoiés
Et torneis à redemption.
Li plus faus et li moins prixiés
Puet avoir absolution,
Mais k'il s'en voist et soit croixiés
En terre de promission.

Jérusalem, etc.

Terre de promesse est nomée
Jérusalem, je le vo di ;
En Bethléem où Deu fu neis
Est li temples où Deus sosfri
Et la croix où il fu peneis
Et le sépulchre où surrexit :
Lai iert li boens louuier doneis
A ceauls ki l'auront deservit.

Jérusalem, etc.

Ke pensent li roy ? Grant mal font
Cil de France et cil des Englois,
Ke dame Deu vengier ne vont
Et délivreir la sainte croix.
Quant il à jugement vanront,
Dont lor parroit lor bone foit ;
Se Deu faillent, à lui fauront,
Il dira : « Je ne vos conoix. »

Jérusalem, etc.

Prince, duc, conte ki aveis
En cest siècle tous vos aviaus,
Deus vos ait semons et mandeis ;
Guerpissiés villes et chaistiaus,
Encontre l'espous en aleis

Et si porteis oille en vaixiaulz :
S'en vos lampes est feus troveis,
Li gueredons en iert mult biauls.

Jérusalem, etc.

Elais ! ne cognoissent lor sen
Ke sont lampes oile desus.
Lampes, se sont les bones gens
Dont Deus est ameis et cremus,
Ke son service font tous tens ;
Lai est bien alumeis li feus :
Cil iroit o les innocens
Ki en bone oevre iert conxeus.

Jérusalem plaint et ploure
Lou secors ke trop demoure.

C'EST DOU CONTE DE BAIR ET D'OCENIN SON GENRE*.

(MANUSCRIT 389.)

Gautiers, ki de France veneis
Et fustes aveuc ces barons,
C'or me distes se vos saveis
Keilz est la lor entensions.
Durroit maix tous jors lor tensons,
Ke jai ne 's vairons acordeis,
Ne jai ne's vairont si melleis
Ke perciés en soit uns blasons ?

— Pieres, se nostre coens Henris
En est créus et li Bretons,
Et li Bretons k'est si ozeis
Et li sires des Borguignons,
Ansois ke passent Rouvexons **
Vairés Baicles si rausséis
Ke lor bobans seroit mateis :
Jai rois ne lor iert guérixons.

— Gautiers, trop dure longuement
Cist mencciers et si valt pou ;
Mal semble k'il aient talent d'ous
Vengier, si ont-il par foit :
Chascun jor asembleis les voy :

* Il serait fort difficile aujourd'hui de dire quel était le conte de Bar dont il est question ici et à quels événements la chanson fait allusion. Je penche à croire cependant (d'autant plus qu'il me semble nommé dans le premier vers de la deuxième strophe) qu'il s'agit de Henri Ier, mort en 1191 au siége d'Acre. Une circonstance cependant contrarie encore cette conjecture ; c'est qu'il mourut sans enfants, et par conséquent sans gendre.

** *Ansois ke passent Rouvexons*, avant que les Rogations soient passées.

De loing venir à tout grant gent.
Bien perdent honor et argent
Qant il ne font ne ceu ne coi.

— Pieres, on ait veut sovent
Mésavenir par grand desroi ;
Honor ont fait à esciant
Et li chardenal et li roi,
Ki les ait meneis en besloi
Per lou conseil dame Hersant*.
Dès ore iroit la paille avant,
Ceu puet chascuns penseir de soy.

— Gautier, je ne m'i os fier :
Trop les voi lens à cest mestier :
Lou bel tens ont laissiet passeir
Tant com doit plovoir et négier ;
Et qant plux les voi correcier
Et de la cort por mal teneir,
S'en font .ij. ou .iij. demoreir
Por truvve en covert raloigner.

— Piere, ne font pais à blâmeir
Cil ki en partirent premiers,
K'ains puès ne vorent demoreir ;
Maix nostres coroneis ligiers,
Por lou chardenal losengier
Cui il n'oserent veeir,
Et por ceuls de blâme geteir,
Firent la feme un pou laissier.

* *Hersant*, personnage allégorique dont le nom se présente fort souvent dans les poésies du treizième siècle. C'est celui de la femme d'Ysengrin dans le roman *du Renart*.

LI DUS DE BRABANT *.

(MANUSCRIT 389.)

Biaus Gillebers, dites s'il vos agrée,
Respondeis-moi à ceu ke vos demant.
Uns chevaliers ait une dame amée,
Et je sai bien k'il en est si avant
Ke de li fait nuit et jor son talent,
C'amors ait si la dame abandonée :
Dites s'amours vait por ceu aloignant.

— Dux de Braibant, jai oreis ma pencée :
Jai li amor n'iroit por ceu faillant ;
Ainsois seroit en loiaul cuer doublée
S'on li faissoit bonteit et biaul samblant.
Se la dame est donnée à son amant,
Jai n'en seroit de lui fors muelz amée,
S'en son cuer ait point de bonteit manant.

— Hé, Gélibert ! où aveis-vos trovée
Ceste raison ? trop vos voi non saichant.
On tient plux chier la chose désirée
Ke ceu c'om ait à abandonéement.
Ne m'aleis mie de ceu reprenant ;
Tant est amors servie et honorée
Ke les dames s'en gardent sainnement.

* Cette chanson se trouve dans le manuscrit de la Bibliothèque du Roi, n° 7222, mais elle n'y a que les trois premières strophes et pas d'envoi. J'ai publié cette leçon incomplète, page 46, de mon édition de la *Complainte et du Jeu de Pierre de la Broce* (Paris, in-8°, 1835, chez Silvestre) ; avec une autre du même auteur. Le duc de Brabant (Henri IIIe du nom) était le père de Marie, reine de France, femme de Philippe-le-Hardi, qui composa avec le trouvère Adenez le roman de *Cléomades*.

— Dux, j'ai mult bien vos raixon escoutée,
Maix vos pairleis trop mervillousement.
Quant muels me fait amors et plux m'agrée,
Et muels la ser et plus m'en truis engrant.
Aisseis mostreis le vostre covenant:
Tost averiés vostre dame obliée;
Je li lo bien k'elle vos maint tandant.

— Hé, Gélibert! or est fole provée,
S'en vo mercit ne se met maintenant.
Qant on fait tant ke sa dame est gabée,
Dites-vos dont c'on l'aimme plux forment?
N'est pais amor où on vait mal quérant,
Dont sa dame poroit estre blâmée:
Nuls ne lou fait ki aimme loiaulment.

— En nom Deu, dux, ceu est chose paissée;
Je ne croirai k'il soit si faitement
Que por bonteit soit dame refusée,
Ains la doit-on servir muels ke d'avant.
Or nos metons en loiaul jugement,
Si iert la raixon de nos dous partie,
Car nos estris dure trop longuement.

— Gellibert, soit. J'en preng por mon guérant
Lou boen Raioul de Soixons, ke sevrée *
Ne fist d'amor nul jor en son vivant.

— Dux, et j'en praing le boen conte vaillant
Celui d'Anjo **. La chose est bien alée,
Car cist dui sont de boen entendement.

* Raoul, comte de Soissons. (Voyez la pièce suivante.)

** Charles, frère de saint Louis, comte d'Anjou, et plus tard roi de Sicile. On connaît de lui un *jeu parti*, fait avec Perrin d'Angecourt, et une chanson rapportée par M. Paulin Paris, page 123 de son *Romancero français*. Il aimait les lettres et les lettrés.

MESSIRES RAIOUS DE SOIXONS *.

(MANUSCRIT 389.)

Coens d'Anjo, on dist per félonnie
Ke je ne sai chanteir fors por autrui;
Il dient voir, je ne's en desdi mie,
C'onkés nul jor de moi sirés ne fui.
Et s'il vuellent savoir à cui je sui,
Je lor dirai par ma grant cortoixie:
« Saichiés Amors m'ait si en sa baillie
Ke je n'ai sen, volonteit ne raixon,
Ke je sens li saiche faire chanson. »

Sire, saichiés et si n'en douteis mie,
Ke cheveliers n'iert jai de grant renom,
Sens bone amor ne sens sa signorie,
Ne nuls sens li puet estre prondom;
Car sous ces piés met les plus haulx barons,
Et les povres fait meneir haute vie.
Prouesse, honors, solais, vient de s'aïe,
Et done plus de joie à ces amis
Ke nus ne puet avoir en paradix.

Bien m'ait Amors esproveit en Surie,
Et en Egypte, où je fui meneis pris,
C'adès i fui en paour de ma vie
Et chascun jor cuidai bien estre ocis,

* Ce comte de Soissons est Raoul de Nesle, troisième du nom, qui partit en 1190 pour la Terre-Sainte avec Philippe-Auguste, et qui se distingua au siége d'Acre; il mourut en 1237. De Laborde (*Histoire de la Musique*) attribue à tort cette chanson à Thierry de Soissons.]

N'onkes por ceu mes cuers n'en fut partis,
Ne decevreis de ma douce anemie ;
Ne en France, por ma grant maladie
Ke je cuidai de ma goute morir,
Ne se pooit mes cuers de li partir.

N'est merveille se fins amans oblie
Aucune foix son amerous désir :
Qant outre meir en vait sens compaignie
Dous ans ou trois, ou plux sens revenir.
Bien me cuidai de sa prixon partir,
Maix dou cuidier fix outraige et folie,
C'Amors m'ait pris et tient si fort et lie
Ke por fuir ne la puis oblieir,
Ains me covient en sa mercit torneir.

De l'angoixe ke j'ai por li santie
Ne devroit nul sens morir eschappeir,
Et por paour de mort ke me desfie
Seux-je vers li venus merci crieir,
Et s'en plorant ne puis merci troveir,
Morir m'estuet sens confort d'autre amie ;
Et c'elle veult, l'amor de li m'ocie :
Dur cuer auroit, félon et sens dousour
Se me laissoit morir à teil dolor.

Hé, cuens d'Anjo! par vostre chanterie,
Poriés avoir joie et prix et honor ;
Maix ma joie est sens gueredon fenie,
Et tuit mi chant sont retorneis à plour,
Si ke jamais ne chanterai nul jor :
Por ce vos pri et ma chanson vos prie
Ke la chanteis tant k'elle soit oïe
Davant celi qui passe de bonteit
Toutes celles de la crestienté,
Si voirement com je dis véritei ;
Se m'envoist Deus de li joie et santeit.

COLINS MUZÉS *.

(MANUSCRIT 389.)

Trop volentiers chanteroie
   Se je savoie comant,
Et bone vie mainroie
Se li siècles valoit tant,
Ki me tormente forment;
Et non porcant toutevoie
Chanterai joiousement
Ke bone amor lou m'aprant.

Puès l'amors veult ke je soie
Liés et renvoixiés sovant
Et mes fins cuers s'i otroie
Si très débonairement.
Se li siècles se repent,
Nulle rien je n'en donroie,
Ke bone amor me desfent
Ke je n'aie cuer dolant.

Amors m'aprent et chaistoie
D'un trop bel chastiement,
K'en compaignie ne voixe
De nulle mavaixe gent;
Car de lor acoentemant
A nul jor muels ne varoie:
Il sont de fol esciant;
As dyables les comant.

* Colin Muset est un des plus charmants poètes du treizième siècle. Je cite de lui, en note, page 10 du Ier volume de Rutebeuf, une chanson dans laquelle il adresse des reproches à un comte qui ne lui a rien donné. Je connais peu de pièces plus naïves et plus délicieuses. La tradition veut (à tort probablement) que Colin Muset ait contribué de ses deniers à l'érection du portail de l'église *Saint-Julien-des-Ménétriers* de Paris.

Se g'ière Deus, je feroie
Lou siècle tout autrement,
Et millor gent i metroie
Car ces n'i valent noiant.
Qant plus ont or et argent,
Vair et grix et drais de soie,
Tant sont moins lairge metant :
Plus ke jeus usure prent.

Cis siècles faut et desvoie
Chascun jor trop malemant,
Et qant plux vos en diroie?
Je n'i voi home joiant;
Et s'il muèrent ansiment
A tout mil mairs en menoie
Comme sil ki n'ait noiant:
Trop se moinne folement.

Mon boen signor proieroie
De VUAIGNONRUT lou vaillant
Ke por Deu ne se recroie :
Il fut neis en boen croissant.
Mult ait mis son pris avant,
K'il ne fauce ne ne ploie
Ne nulle fois se desment
Nès ke piere d'aiemant *

* *Nès ke piere d'aiemant*, pas plus qu'une pierre d'aimant. Ceci rappelle le passage de la *Bible Gayot* où il est question de la boussole. Peut-être Colins Muzés fait-il ici allusion, non seulement aux qualités de l'aimant comme pierre, mais encore à l'aiguille aimantée, qui ne se dément jamais ; ce serait alors une preuve de plus (et elles sont rares) qu'on la connaissait au treizième siècle ; malheureusement ce que dit notre trouvère n'est pas assez explicite.

COLINS MUZÉS.

(MANUSCRIT 389.)

Sospris seux d'une amorete
D'une jone pucelette
Belle et blonde et blanchete
Plus ke n'est une erminete,
S'ait la color vermoillette
Ensi come une rosete.

Iteile est la damoisele
Fille à roi de Tudelle.
D'un drap d'or ke restancelle
Ot robe frexe et novelle;
Mantel, sorcot et gonelle,
Mult siet bien à la donzelle.

En son chief sor or ot chaipel
D'or ki reluist et estancelle ;
Saiffirs, rubis i ot entor
Et maintes esmeraude belle ;
Et ui que fuisse-jeu por
Amins à la damoiselle!

Sa ceinture fut de soie,
D'or et de pieres ovreis ;
Tous li cors li reflamboie
Si com fust enlumineis.

Or me doinst Deus de li joie,
K'aillors n'en ai ma pensée.

J'en esgardai son cors gai
Ke trop me plaist et agrée;
J'en morai, bien lou sai,
Tant l'ai de cuer enamée:
Non ferai, se Déu plaist,
Ainçois m'iert s'amor donée.

Et c'elle devient m'amie,
Ma grant joie iert aseuie,
Ne je n'em penroie mie
Le rouame de Surie;
Kar trop moinne bone vie
Ki aimme teil signorie.

Deu pri k'il m'en face aie,
Ke d'autre n'en ai envie.

COLINS MUZES.

(MANUSCRIT 389.)

Ancontre le tens novel
Ai le cuer gai et juel,
A termine de pascor,
Lors veul faire un triboudel,
Car j'am mult tribu martel,
Brut et bernaige et baudor;
Et qant je suis en chaistel
Plain de joie et de rivel,
Lai veul estre nuit et jor,
Triboudant et triboudel.
Diex confonde le musel
Ki n'aime joie et baudor!

De toute joie m'est bel,
Et qant j'oi lou flaihutel
Soneir aveuc la tabor;
Damoiselles et donzel
Chantent et font grant rivel;
Chascuns ait chapel de flour
Et verdure et broudelz;
Et li douls chans des oixels
Me remet en grant baudour,
Triboudainne, triboudel.
Plus seux liés, par saint Marcel,
Ke teils ait chaistel ou tour,

Ki bien broiche lou poutrel
Et tient l'escut en chantel
A comencier de l'estor
Et met la lance en estel,
Por muelz vancre lou cembel
Vait asembleir à millour;
Cil doit bien avoir juel
De belle dame et anel
Por druerie de s'amor,
Triboudainne, triboudel,
Por la belle à chief blondel
Ki ait frexe la color.

Teilz amesce en .I. moncel
M, mairs et fait grant fardel
Ki vit à grant deshonor;
Jai n'en aura boen morcel,
Et diauble ont la pel,
Cors et âme sens retor.
Por ceu veul-jeu mon mantel
Despandre tost et inel
En bone ville à séjor,
Triboudainne, triboudel;
Ke valt avoirs en fardel
S'on ne l' despent à honor?

Qant je la tieng ou prajel
Tout entor clos d'airbexelz
En esteit à la verdour,
Et j'ai oies et gaistel,
Pouxons, tairtres et porcel,
Buef à la verde savor,
Et j'ai lou vin en tonel
Froit et fort et friandel
Por boivre à la grant chalor,
Muels m'i am k'en .I. batel
En le meir en grant paour,
Triboudainne, triboudel;
Plus am le jeu de prajel
Ke faire malvaix séjor.

[3] Le savant historien des Gaulois, M. Amédée Thierry, ne me paraît pas avoir traduit ici avec sa fidélité ordinaire la pensée de César : « La plus solennelle de ces assemblées, dit-il, se tenait une fois l'an, *sur le territoire des Carnutes, dans un lieu consacré qui passait pour être le point central de toute la Gaule.* » (Tom. II, pag. 106.) Selon César, c'était le pays des Carnutes même, et non ce lieu consacré, qui était regardé comme le milieu de toute la Gaule. Le même historien, quelques pages plus haut, a rendu le *Dis* de César (*se ab Dite Patre prognatos prædicant*) par le mot *Pluton*; comme on a beaucoup reproché à César d'avoir pris le *Dis* des Gaulois pour le *Dis pater* des Romains, et d'avoir ainsi confondu le jour et la nuit, c'était une obligation pour le traducteur de ne point altérer ce nom.

[4] Hadrien de Valois, *Notice des Gaules*, au mot *Carnutes*. Quant au nom corrompu du village de Flins, *Fines*, il me semble indiquer que ce lieu était la limite qui séparait le pays de Madrie du Pincerais.

[5] Sacrificateurs, législateurs, juges, médecins, devins, professeurs, philosophes, astronomes, les Druides, élèves de l'Orient, rappellent les prêtres juifs, les mages persans, les bracmanes indiens. Ministres des choses divines, ils avaient la puissance de l'excommunication contre ceux qui n'obéissaient point à leurs jugemens ; ils étaient exempts du service militaire ; ils ne payaient point d'impôts comme les autres citoyens, etc. ; ils enseignaient à la jeunesse leurs dogmes religieux, en lui défendant de les divulguer, et même de les mettre par écrit ; la métempsychose était un de leurs dogmes, comme nous l'apprennent César, Valère Maxime, et les beaux vers de Lucain :

Et vos barbaricos ritus, moremque sinistrum
Sacrorum, Druidæ, positis repetistis ab armis.

Per Deu, amors en grant dolor m'ait mise !
Mort vilainne, ke tout le mont guerroie,
Tolut m'aveis la riens ke plux amoie ;
Or seux fenix, laisse, soule et eschive,
Dont il n'est c'uns, si com on le devise.
Or veul doloir en leu de meneir joie :
Poene et travail iert maix ma rante asise.

Ains por Forcon tant ne fist Anfelixe *,
Com je por vos, amis, se vos r'avoie ;
Maix se n'iert jai se ançois ne moroie,
Ne je ne puis morir en iteil guisse
C'amcor me r'ait amors joie promise,
Maix à mien veul je m'en repentiroie
Se por tant n'iert c'Aimors m'ait en jostice.

* Fourcon et Anfelixe. Ces amants sont les héros d'une des branches du roman de *Gérard de Roussillon.*

LA COMPLAINTE DE JHÉRUSALEM

CONTRE LA COUR DE ROME *.

(MANUSCRIT 113.)

Rome, Jhérusalem se plaint
De covoitise qui vos vaint,
Et Acre et Damiete ausi,
Et dit que por vous remaint
Que dame Dex et tot si saint
N'est en sa terre servi.
De Damiette sont saisi,
Par le légat, nostre anemi
Et crestien de mort ataint;
Et saciés bien qu'il est ensi
Qu'il ont le roi Jehan traï,
En cui biens et proece maint.

Dex! c'or n'est .I. Carles Martiaus
Au siècle qui destruisist ciaus
Qui si malement ont ovré!
Or n'est nus clers tant vix bedias
Qui luès n'ait lorains et orsiaus:
Ensi sont-il ore ordené.

* Cette pièce, dont on ignore l'auteur, fut composée à propos de l'expédition des croisés en Égypte, en 1218, expédition qui s'annonça d'abord favorablement par la prise de Damiette, mais qui tourna mal ensuite à cause des dissensions qui eurent lieu entre le roi de Jérusalem, alors Jean de Brienne, et le cardinal Pélage, légat du pape. Aussi, Jérusalem, et une grande partie de la Terre-Sainte, ne tardèrent-elles pas, ainsi que Damiette, à retomber au pouvoir des Sarrasins. On pourrait, je crois, faire remonter aussi à cette époque et à cette expédition les deux pièces que je donne pages 37 et 39.

Rome, vos avés destempré
Tel puison sor crestienté
Que plus est dure que kailliaus;
Car quanque nos aviens semé
A Damiette et amassé
Ont li Turc mis en lor vaissiaus.

Li hospitaus et li légas
Ont bien fait jeter ambes as
Les crestiens deçà les mons.
Et bien saciés, ce n'est pas gas,
Que par iaus est en l'angle mas
Li rois qui chevaliers est bons.
Or venra la bele saisons :
Si raporteront lor pardons
Et si voront croisier nos dras;
Mais cil n'iert mie Salemons
Qui de rien kerra les glotons,
Car mis nos ont dou trot au pas.

Rome, on sèt bien à escient
Que tu descroisas por argent
Ciax qui por Deu erent croisié.
Là erras-tu trop malement
Car puis ont péchié mortelment;
S'en déussent estre alegié.
Tu lor recousis le marchié
Que il avoient bargégnié
Par grant tort et mavaisement;
Mais il n'ièrent jà apaié,
S'aront à Deu lor veu paié,
Car fet li ont borse de vent.

Rome, mult avés entrepris,
Mais si avés à prendre apris
Que nus ne vos en puet aprendre.
Reprendre doit-on mult vos pris;
Car par prendre est vos nons sospris :
Dex vos en deveroit reprendre.
Jà ne déussiés entreprendre
Vers nos, mais tos les biens comprendre
Par coi crestiens est de pris;

Mais tel cose avés fait entendre
Vostre légat, c'on le doit prendre,
Car por lui sont crestien pris.

Ha! seges clerc! car aiés honte
De cest mesfait, car à vos monte;
Forfait l'avés, bien le set-on.
Ceste traïsons nos affronte,
C'or n'ont ce fait ne roi ne conte,
Ne nule gent se vos clerc non.
E! terre de promission,
Com estes chaûx el broion,
Et com Jhérusalem desmonte!
Ele set bien que par sermon
N'aura socors ne garison
Puisque Rome desfait son conte.

Por Deu, tot crestien, plorés!
Onques mais jor crestientés
Ne perdi tant à une fois
Com ore a fait, bien le savés,
Puisque la terre û Dex fu nés
Conquest Salehadins li rois.
Li fluns, li sépucres, li crois
Crient trestot à une vois
Que Rome joue de faus dés.
Par lie est perdue Aubegois,
Que se démostre que nos lois
Valt pis qu'ele ne sieut asés.

Bien a li légas rout le pan
De la cote le roi Jehan,
Si que jamais n'iert recosus.
Porcacié a par son engan
Que Damiete est au soudan:
C'a fait c'onques mais ne fist nus.
Fois est perdue, car çà jus
N'en a mais point, ains est lassus,
Là û Dex fait crier son ban,
Que li legas soit confondus
Et de sa gloire sospendus,
Ne jà fusse honorés de l'an!

Crestientés ne sait ù traire ;
Ele n'a recet ne repaire
U ele puisse herbergier.
Tot li païs li sont contraire :
Puisque Rome li vuet mal faire,
Je ne sai que li puist aidier.
Je vi ciax escumenier
Qui ne s'aloient renoier,
Et la crois qu'el mont de Cavaire
Déussent jus mettre et laissier
Et puis morir et repairier
En paradis sans vestir haire.

Mult est li siècles devenus
En manière de mal agus
Que nus ne porte à l'autre foi.
Sus ribaus est rés u tondus :
Jà n'iert de cest païs venus
Qu'il ne vuelle oposer au roi.
Il sont si plain de grant desroi ;
Se Dex n'en prent hastiu conroi
Il sera par iaus décéus ;
Mais je loeroie endroit moi
Qu'il laissast à cascun .I. poi
Et si en presist le sorplus.

Sainte Marie, secorés
Jhérusalem, car c'est li clés
Qui garde le trésor roial.
Espoir se Turc i sont or més,
Encor i ert crestientés
Maugré le Temple et l'Ospital.
Faus et félon et desloial
Sont cil qui ont porquis le mal
Par coi cis siècles est torblés.
Auques le di por le légal
En cui a mavais marescal,
Qant si nos a tos enchavés.

Li légas et li chardonaus
Ont mellé avec cardon aüs,
Et omecide avec envie ;

Je quit Judas fu lor paraus,
Mais crestiens fu mors par aus
Qui mil cest jor fussent en vie
Se ne fust la grans félonie
Et li avoirs de paienie
Qui pris fu par mavais consaus.
Or en est la terre honle
U cil revint de mort à vie
Par cui cil siècles sera saus.

Si m'aït Dex, jo ai tant d'ire
Des clers, que je n'en sai tant dire
Que pis vaillent de maint c'ui;
Mais se cil qui de tot est sire
Lor mostroit en aucun point s'ire,
Liés en seroie, car à cui
Ne me sai plaindre fors à lui.
Nus lais hom n'a vers iaus refui
N'en roiame ne en empire.
Covoiteus sont et plain d'anui :
Se je en iaus matir n'apui
Je crieng que mes gius n'en empire.

Segnor provoire, qui clér voit
Mult est fox s'il ne s'aperçoit
En quel manière vos vivez.
Li userier vont à vos droit :
Si demandent pain bénéoit
Et vos erraument lor donés.
Je di que vos entreprendés,
Qu'il ne s'est mie confessés
En la manière que il doit,
Mais légièrement lor soffrés
Por les dons que de lui prendés :
Ensi diables vos deçoit.

Segnor prestre, tot parçonier
Estes de l'avoir l'userier ;
Si vos dirai com faitement.
Puis qu'il ne volent le mestier
Que Dex desfent por vos laissier,
Par coi prendés vos lor argent.

Vos mangiés avec jà sovent :
Si vos donent segne u forment,
N'avés curo d'iaus renoier.
S'il se confessent fausement,
Vous les savés bien coiement
A Pasques acomenier.

Segnor qui les pardons portés,
Poi vos costent et se's vendés :
C'est péchiés et ovre vilaine.
Li pardons valut miés asés
Dont li péchiés fu pardonés,
Que Dex dona la Madelaine.
En cors de pécéor n'a vaine
Ne tèce, tant i soit vilaine,
S'il est confés n'en soit lavés ;
Mais la clergie est vuide et vaine
Quant si soffre qu'ansi nos maine :
Par Damiete le provés.

Rome, vos estes refroidie
D'aidier la terre de Surie
Qui soloit estre vo mains destre.
Or est ainsi qu'ele mendie :
Ne truis nului qui el m'en die.
Biax sire Dex! que porra estre?
Péris et chaûs à senestre
Est li lius ù il daigna nestre,
Et la crestiene partie.
N'est mie bien cortois li prestre
Qui celi tolt que sien doit estre
Par covoitise et par envie.

Rome, vos fustes la pucele
Virge et loiaus et pure et bele,
Mais or vait la cose autrement :
Il mesciet mult la damoisele
Qui bone est, puis devient ancele
Et son cors livre por argent.
Rome, fait avés ensement :
Vous avés rompu Bialient
Une corde de sa viele ;

Mais dame Dez qui tot consent
Set bien c'ansi font l'autre gent
Qu'à grans louiers vos despucele.

Biau segnor, tot li pèlerin
Qui au légat erent aclin
N'i entendirent se bien non,
Et il lor fist le gieu Kaïn
Qui son frère ocist en la fin,
Com desloiax, en traïson.
Rome, trop mavais campion
Envoiastes Cafarnaon,
Jhérusalem et Ybelin.
Conquis i avés .I. sornon
Si fait c'à tos jors dira-on
Que fait avés cest larecin.

Ains puis que Sains-Quintins de Rome
S'en vint en Auste sor some,
Ne fu crestientés si dame
Com ele est hui, ço est la some;
Car qanqu'ele aconsiut l'asome
Et de tot son pooir la dame,
C'est cele qui droiture entame
Et que son fin or sorestame.
Ensi renomée le nome:
Si me puist Dex aidier à l'ame,
Bien puet chaïr de s'escame,
Qu'ele fait tort à maint prodome.

Nule gent n'ont tel volenté
De destruire crestienté
Par samblant comme li clergiés.
Cascun à son arc entesé:
Si ont tot droit à mort navré
Et tote raison mise à pié.
Il ont enpiré la moitié:
Li siècle tant ont covoitié,
Ensi com il a jà esté.
Or nos lait Dex par sa pitié,
Tant vivant que soions vengié,
Se il n'estent miex aferné.

Mes cuers par mainte fois regrette
Le grant perte de Damiete,
Que réceuns par le légat.
Crestientés trop s'endebrete :
Mult le trast d'agüe sajette,
Et n'aura de cruel barat.
Elas! li Turc estoient mat
Quand Coradins fist .I. acat
Dont li légas reçiut le dete;
Et puis que no mère nos bat
De la verge qui nos abat,
Ele n'est mie partot nete.

Par Deu, sire rois de Paris,
En vo roiame est Antecris
Venus por vos déseriter.
Jà a sermoné à Senlis;
S'a les clers en si haut point mis
Qu'il font vos rentes recoper.
Ciax que vos pères fist jurer
Sor sains de vostre droit garder
Sai-je bien qu'il ont entrepris.
Rois, lai ten menu pule övrer
Sans ce que ne's vuelles grever;
Il plaiseront tes anemis.

Or ascoute com faitement
Li cardonaus trait no gent :
Je le vous dirai à briés mos;
A Coradin prist parlement
Et conferma par sairement
Que il li renderoit les vos,
Et il si fist, bien dire l'os *.
Rome en doit bien avoir mal los
Qant si fait traïtor consent;
Ele en paiera les escos,
Que vilonies et lais mos
Li renprovera-on sovent.

* Il n'y avait pas dans le fait de l'envoi de quelques ambassadeurs au sultan du Caire pour proposer une capitulation, par suite de laquelle l'armée chrétienne pouvait se retirer, en cas de trahison de la part du légat; mais il y avait eu ineptie dans a marche qu'il avait fait suivre à l'expédition.

Cil qui ce fits dist en ses vers
Que fel, ne traîtres, ne sers
N'entera jà en paradis,
Ne fel, ne vilains, ne cuivers,
Ne li ermite des désers,
S'il ne sont à bone fin pris.
Las! que fera dont li caitis
Qui éust vos crestiens mis
U erranment fussent enfers?
Se ne fust li Sains-Esperis
Qui en Choradin se fust mis,
Fais fust de nostre droit envers.

LI ROMANS DE DURMART LI GALLOIS.

(MANUSCRIT 113.)

Le roman de Durmart est une vieille fable galloise assez intéressante en vers de huit syllabes, ce qui lui donne une allure assez vive. Elle se compose malheureusement d'environ 9,000 vers, ce qui est un peu long; toutefois, elle mériterait d'être mise au jour. En voici le début et la fin :

Ki bealx moz seit dire et entendre,
Bien les doit conter et aprendre
A celz qui les vulent oïr
Dont bien et onor puet venir.
Je ne di pas que totes gens
Doive li hom monstrer son sens;
Kar mainte gent sevent blasmer
Et reprendre sens amender,
Et om blasme sens raison;
Telz chose n'est se annuis non.
Por cil me plaist que cis m'entende
Ki bien reprend et bien amende,
J'ai mis mon penser et ma cure
D'un roial conte d'aventure
Commencier et dire briément,
Sans annioz alongement.
Por çus est li contes roial,
Que filz fu de roi li vassal
Dont li contes est devisez
Qui bien doit estre renomés.
Jadis ot en Gales un roi, etc.

Ici commence le roman. Ce roi de Galles épousa Andelise, fille du roi de Danemarck, et en eut Durmart, qui fut le plus accompli chevalier de son temps, et dont les aventures sont le sujet du roman. Voici comment l'auteur termine son ouvrage :

Li rois Durmars que sages fist,
Car, ensi com li contes dist,
Largece et cortoisie ama
Tant com il vesqui et dura.
Mult ama Diu et sainte glise,
Et si tenoit droite justice ;
Aveques ce que Dieu amoit,
En tel point le siècle tenoit
Que tot cil qui joli estoient
Lui et sa compaignie amoient.
Mult tenoit beles cors sovent
Et do l'sion donoit largement.....
Li bons rois Artus est fenis,
Mais encore dure ses pris
Et de Charlemaine ensement
Parolent encore la gent
Et d'Alixandre, ce savons,
Dure encore li grans renons ;
De lor pris et de lor valor
Chantent et content li plusor,
Por ce que de haute onor furent,
Puisque lor non encore durent,
Dont vos di-je bien sens envie
Qu'il valurent mult en lor vie ;
Chascuns hauz hom se doit pener
Qu'il puist en tel guise finer
C'om doive son non retenir :
Cant il covient l'ome finir,
Et ses nons muert ensemble o lui :
Je conte por noient celui.

Or entendés à ma raison,
Roi et duc et conte et baron,
Vos qui les grans terres tenés
Et qui povre vie menés,
Membre-vos des bons anciens
Qui jadis fisent les grans biens

Dont il les grans honors conquisent ;
Faites aussi com cil fisent
Dont li grant bien sont raconté ;
Sovigne-vos de lor bonté.
Soit renovelée et florie
Et que par vos soit rensaucie
Onors qui trop est abaissie ;
Car li auctors dist et li contes
Que c'est damages et grans hontes
De ce que li siècles empire ;
A paines qu'en tot .I. empire
Puet-om .I. riche home trover
Qui velle le siècle amender.
Moi est avis que trop mesfont
De ce que si poi de bien font
Li roi et li duc et li conte.
Ci fine l'istoire et li conte ;

. . . .

Et se g'i ai aucun mot dit
Que Jhésu-Crist tiegne à mesdit,
Dex, qui ne vout onques mentir,
Me face si bien repentir
Et de mes dis et de mes fais
Et de quanque je suis mesfais,
Que mi forfait et mi péchié
Soient défait et dépecié.
Beaz sires Deus, devant la fin
Me faites si bon et si fin
Que je vostre pardon rechoive
Et que je l'enemi dechoive.
De l' roi Durmars li conte fine
Et de sa doce amie fine ;
Or prions Diu qu'il lassus maint
Qui en son paradys nos maint.

Amen.

Ci finist li romans de Durmars le Gallois.

LE CHAPPEL DES TROIS FLEURS DE LYS.

(MANUSCRIT 217.)

Par manière d'esbattement
A esté fait nouvellement
Le chapel des .iij. fleurs de lis....
Desqueles fleurs France est forte.
France par eulx couronne porte,
Et est par elle honourée.
Les fleurs par qui France a puissance
Sont appelées, sans doubtance,
Science, foy et chevalerie,
Ces .iij. fleurs font une alliance....

Cette alliance est tout simplement le symbole de la Trinité, d'après le poète. L'auteur s'étend longuement à ce sujet; il parle de Salomon, de Roboam, etc., et donne des conseils moraux. Il arrive enfin à ce passage où il dit :

La tierce fleur que l'en appelle
Chevalerie si est plus belle;
Je n'en veus pas estre taisant;
Car quant elle met diligence
A vivre en foi et en science,
Elle est très noble et bien plaisant.
Chevalerie doit avoir
En soi grant proesce et savoir,
Justice et pais tenir en terre,
Et doit diligemment aprendre,
Au pueple et à la foy desfendre,

L'art et l'usage de la guerre.

. . . .

Le latin les nomme *milites*,
Comme fleurs de milliers eslites,
Par leur bonté souverainement
Jadis convint qu'elleuz fussent
Les chevaliers ainçois qu'éussent
Nom de chevaliers honorez ;
Mais après, par ellacion,
Et par multiplicacion,
De deniers vindrent frainz dorez.
Pour ce dit l'en que les noblesces
Ne sont qu'anciennes richesses ;
Mès à parler avec les sages,
Je di que ces vraies noblesces
Sont bones meurs et grans proesces
Qui viennent de nobles courages.
Quel noblesce a le fil d'un conte
Qui est foulz et se vit à honte,
Et sans proesce, sans loenge ?
Pour ce ne trenche pas l'espée
Qu'elle est dehors bien estoffée
De soye et d'orfroiz rengée.
Les dorez frains et esperons,
Les cotes, les chaperons
De quoy la façon .xx. mars couste
Ne mectent pas le cuer ou ventre
Au gentil homme quant il entre
A guerroier ou à la jouste.
Celi est gentil et noble homme
Qui sages est et vit si comme
Celi qui ne veult nul mal faire...

Plus loin l'auteur dit de *chevalerie* :

Amer doit moult les personnes
Qui sont clers, quant elles sont bones ;
Car onques royaume ne empire
N'ot sanz clers bon gouvernement ;
Et jadis tout communément
Chevaliers, roys, empereurs et princes
Sages et bien lectrez estoient,
Régnoient et victoire avoient

Par leur sens en toutes provinces.
Les princes doivent bien savoir
Loys et coustumes ou avoir
Ceulx qui de tiex choses sont sages;
Car si les princes sens n'ont mie
En euls ne en leur compaignie,
Ne sont pas princes, mais ymages.
Et pour ce sanz sens de clergie
Nul tant soit noble ne puet mie
Si bien jugier ne conseillier
Comme les clers qui diligence
Ont mis en clergie et science,
Et en ont voulu moult veillier.

Dans un autre endroit, le poëte dit en parlant des croisades (on était déjà pourtant déjà, comme on va le voir, en plein quatorzième siècle) :

Trestuit li crestien lignage
Doit penser à ce saint voyage
Par lequel l'en puet estre quitte
De touz péchiez et avoir plaine
Rémission de coulpe et paine.

. . . .

Et semble que ce soit l'entente
Daniel disant en son livre :
« Benéurez qui pourroit vivre
L'an mil .CCC. et V et trente. »
Adont, se Diex plest le vrai sage,
Qui ordenera à ce voyage,
Touz pueples seront une gent
Qui toutes erreurs laissera.
Diex partout aouré sera
Comme seur touz roy et régent.

. . . .

En terre sainte saintement
Devons aler, ou autrement
Entremetre, s'en est folie.
La croix qui sus l'espaule est prise,
S'elle n'est dedens le cuer mise,
C'est taverne où le vin n'est mie.
Diex à son crucifiement

Si ne porta pas longuement
La croiz où il volt trespasser;
Mais aucuns grant prince l'ont prise,
Et si ont pou de paine mise
Aus ylles de la mer passer.
Ains ont mené et mainent vie
Telle qui ne s'accorde mie
A ce qu'il puissent à Dieu plaire.
Et à parler sanz flaterie,
Croisiez qui ne s'ordenent mie
A ce qu'il puissent à Dieu plaire,
Si font tant que la croiserie
Est tenue pour moquerie
De France jusqu'en Babiloine.
Les croisiez doivent tantost querre
Le chemin de la sainte terre,
Sanz pourchacier ne lay ne some.

Le manuscrit se termine par ces vers de bon vivant, écrits sur le feuillet de garde :

Qui n'a joué à la paulme et au taz,
Qui n'a du sien despendu ung grant taz,
Qui n'a esté ung peu outrecuidés,
Qui n'a cuidé valoir cent mille mars,
Qui n'a hurté de pots et de hanaps,
Qui n'a croqué voulentiers bonne pie,
Qui n'a congneu des morceaux les plus gras,
Il n'est digne d'aler en compagnye.

Au dessus on lit, d'une autre main, ce correctif :

« *Ceulx qui le font sont bien sots; à la fin on en est bien descen.* »

RONDEAU TOUCHANT LA PAIX.

(MANUSCRIT 205.)

Ce rondeau concerne la paix de 1435 faite à Arras entre le roi de France et Philippe-le-Bon, duc de Bourgogne, qui se détacha du parti des Anglais. L'assemblée où l'on signa le traité fut solennelle. Tous les princes de la chrétienté y eurent des ambassadeurs; le pape et le concile de Bâle y envoyèrent chacun un légat, et Charles VII fut trop heureux d'accepter les conditions que lui dicta le duc de Bourgogne. Ce traité fut approuvé par le concile de Bâle.

Dieu doint bonne vie au bon roi Charlon
Et veuille garder le noble lyon!
Esjouissez-vous tous, loyaulx Françoys,
Et remerciez le hault Roy des roys,
Qui a apaisié la division
De la fleur de lys et du Bourguignon.

— C'est bien dit, bergier, mais peut-ce estre vray?
— Oui, beaux seigneurs; de vray je le scay,
Car j'ai veu à Arraz approbation
Et ouy à aucuns chanter *Te Deum*.

— D'où nous vient ce bien, beau compaings loyaulx?
— C'est par le moyen des bons cardinaulx;
Prions dont pour eulx, car c'est bien raison,
Quant avons par eulx paix et union.

— Et bergier, compaings, que diront Anglois?
— Vous l'orrés bien dire, ains qu'il soit trois moys;
Car c'ilx ne font paix à confusion
Retourneront en l'isle qu'on dit Albion.

— Vive le roy de la fleur de lys!
Crions tous : Mont-joye! et grans et petiz.
Faisons bonne chière, il en est saison,
Quant Dieu nous envoye un si noble don.

Prions pour les clers et pour les gens laiz,
Pour trestous et ceulx qui ayment la paiz.
Qu'ilz puissent avoir des cieulx guerredon :
Dictes tous amen, gentils compaignons.

Dieu doint bonne vie au bon roi Charlon
Et veille garder le noble lyon!

Explicit ung beau dit touchant la paiz faite à Arras entre le roy nostre sire et monseigneur le duc de Bourgogne.

UNG BEAU DITIÉ

FAIT PAR CHRISTINE DE PISAN

A LA LOUANGE DE JEANNE D'ARC*.

(MANUSCRIT 205.)

Je Chrispine, qui ai plouré
XI. ans en abbaye close
Où j'ay toujours puis demouré
Que Charles, c'est estrange chose,
Le filz du roy, je dire l'ose,
S'en fouy de Paris de tire
Par la traïson là enclose :
Or à prime me prens à rire;

A rire bonement de joie
Me prens pour le temps porveruage
Qui se départ où je souloie
Me tenir tristement en cage;
Mais or changeray mon langage
De pleur en chant quant recouvré
Ay bon temps....
Bien ma part avoir enduré.

L'an mil .CCCC. XXIX
Reprint à luire li soleil;
Il ramène le bon temps neuf
Que on avoit veu de droit oil

* Voyez page 22 quelques détails importans sur cette pièce.

Puis longtemps, dont plusieurs en deuil
Orent vesqui, j'en suis de ceulx;
Mais plus de rien je ne me deuil
Quant ores voy que je veulx.

Si est bien le vers retourné
De grant duel en joie nouvelle,
Depuis le temps qu'ay séjourné
Là où je suis, et la très belle
Saison que printemps on appelle
La Dieu merci qu'ay désirée
Où toute rien se renouvelle
Et est du sec au vert temps née.

C'est que le dégeté enfant
Du roy de France légitime,
Qui longtemps a esté souffrant
Mains grans ennuiz, qui or à prime
Se lieva ainsi que vous, prime
Venant comme roy coronné,
En puissance très grande et fine
Et d'esperons d'or esperonné.

Or fesons feste à nostre roy,
Que très bien soit-il revenu!
Resjoïz de son noble arroy
Alons trestous, grans et menu,
Au devant, nul ne soit tenu,
Menant joie le saluer,
Louant Dieu, qui l'a maintenu:
Criant noel! en hault huer.

Mais or vueil raconter comment
Dieu a tout ce fait de sa grace,
A qui je pri qu'avisement
Me doint que rien je n'y trespasse,
Raconté soit en toute place,
Car ce est digne de mémoire,
Et escript, à qui que desplace,
En mainte cronique et histoire.

Oyez par tout l'univers monde
Chose sur toute merveillable;

Notez se Dieu, en qui habonde
Toute grace, est point secourable
Au droit enfin, c'est fait notable,
Considéré le présent cas;
Si soit aux decéus valable
Que fortune a flati à cas.

Et note comment esbahir
Ne se doit nul pour infortune,
Se voiant à grant tort haïr,
Et comvint sur par voix commune.
Voie comment toujours n'est une
Fortune, que anuit à maint;
Car Dieu, qui aux tors faiz rexune,
Ceulx reliève en qui espoir maint.

Qui vit doncques chose avenir
Plus hors de toute opinion,
Qui à noter et souvenir
Fait bien en toute région,
Que France, de qui mention
En faisoit que jus est ruée,
Soit par divine mission
Du mal en si grant bien muée?

Par tel miracle vrayement
Que se la chose n'y est notoire
Et évident, quoy et comment,
Il n'est homs qui le peust croire.
La chose est bien digne de mémoire,
Que Dieu, par une vierge tendre,
Ait adès voulu, chose est voire,
Sur France si grant guerre estendre.

O! quel honneur à la couronne
De France par divine preuve!
Car par les graces qu'il lui donne
Il appert comment il l'apreuve,
Et que plus foy qu'autre part treuve
En l'estat royal dont je lix,
Que oncques, ce n'est pas chose neuve,
En foy n'errèrent fleurs de lys.

Et tu, Charles roy des François,
Septième d'icellui hault nom,
Qui si grant guerre as eue ainçois
Que bien t'en prensist, se peu non;
Mais Dieu grace, or voiz ton renon
Hault eslevé par la pucelle
Que a soubzmis soubz ton penon
Tes ennemis, chose est nouvelle.

En peu de temps, que l'en cuidoit
Que ce feust com chose impossible
Que ton pays, qui se perdoit,
R'éusses jamais; or est visible
Mencion, qui que nuisible
C'ait esté, tu l'as recouvré;
C'est par la pucelle sensible,
Dieu mercy, qui y a ouvré.

Si croy fermement que tel grace
Ne te soit de Dieu donnée,
Se à toy, en temps et espace,
Il n'estoit de lui ordonnée
Quelque grant chose solempnée
A terminer et mettre à chief
Et qu'il t'ait donné destinée
D'estre de très grans faiz le chief.

Car ung roi de France doit estre
Charles, fils de Charles hommé,
Qui sur tous rois sera grant maistre;
Prophéciez l'ont surnommé
Le cerf volant, et consomé
Sera par cellui conquereur
Maint fait; Dieu l'a à ce somé,
Et enfin doit estre empereur.

Tout ce est le prouffit de l'âme,
Je prie à Dieu que cellui soies,
Et qu'il te doint sans le grief d'âme
Tant vivre qu'encoures tu voyes
Tes enfans grans, et toutes joyes
Par toy et eulz soient en France;

Mais en servant Dieu toutes voies,
Ne guerre n'y face oultreuance.

Et j'ay espoir que bon seras,
Droiturier et amant justice
Et tous autres passeras,
Mais que orgueil ton fait ne honnisse,
A ton peuple doulz et prospice
Et craignant Dieu qui t'a esleu
Pour son servant, si com prémisse
En as, mais que faces ton deu.

Et comment pourras-tu jamais
Dieu mercier à souffisance?
Servir, doubter, en tous tes fais,
Que de si grant contrariance
T'a mis à paix et toute France
Relevée de tel ruyne,
Quant sa très grant sainte providence
Ta fait de si grant honneur digne.

Tu en soyes loué, hault Dieu!
A toy gracier tous tenus
Sommes, que donné temps et lieu
As où ses biens sont avenus.
Jointes mains, grans et menus
Graces te rendons, Dieu céleste,
Par qui nos sommes parvenus
A paix et hors de grant tempeste.

Et toy, pucelle beneurée,
Y dois-tu estre obliée,
Puisque Dieu t'a tant honorée
Que as la corde desliée
Qui tenoit France et estoit liée?
Te pourroit-on assez louer
Quant ceste terre humiliée
Par guerre as fait de paix douer?

Tu, Johanne, de bonne heure née,
Benoist soit cil qui te créa!
Pucelle de Dieu ordonnée,
En qui le Saint-Esprit réa

Sa grant grâce, en qui ot et a
Toute largesse de hault don
N'onc requeste ne te véa,
Que te rendra assez guerredon.

Que peut-il d'autre estre dit plus
Ne des grans faiz des temps passez?
Moyses en qui Dieu afflus
Raïst graces et vertus assez;
Il tira sans estre lassez
Le peuple de Dieu hors d'Égipple,
Par miracle ainsi respassez
Nous as de mal, Pucelle eslite.

Considérée ta personne
Qui es une jeune pucelle,
A qui Dieu force et povoir donne
D'estre le champion et celle
Qui donne à France la mamelle
De paix et doulce nourriture,
Et ruer jus la gent rebelle:
Véez bien chose oultre nature.

Car se Dieu fist par Josué
Des miracles à si grant somme,
Conquérant lieux et jus rué
Y furent maint. Il estoit homme
Fort et puissant; mais toute somme
Une femme simple bergière,
Plux preux qu'onc homs ne fut à Romme;
Quant à Dieu c'est chose legière;

Mais quant à nous, oncques parler
N'oymes de si grant merveille;
Car tous les preux au long aler
Qui ont esté, ne s'appareille
Leur prouesse à ceste qui vaille
A bouter horz noz ennemis;
Mais ce fait Dieu qui la conseille
En qui cuer plus que d'omme a mis.

De Gédéon en fait grant compte,
Qui simple laboureur estoit,

Et Dieu le fist, se dit le conte,
Combatre ne nul n'arrestoit
Contre lui et tout conquestoit,
Mais onc miracle si appert
Ne fist, quoy qu'il ammonestoit,
Com pour ceste fait-il appert.

Hester, Judith et Gelbora,
Qui furent dames de grant pris,
Par lesqueles Dieu restora
Son pueple, qui fort estoit pris,
Et d'autres plusieurs ay apris
Qui furent preuses, n'y ot celle
Mains miracles en a porpris:
Plus a fait par ceste pucelle.

Par miracle fut envoiée
Et divine amonition
De l'ange de Dieu convoiée
Au roy pour sa provision.
Son fait n'est pas illusion,
Car bien a esté esprouvée
Par conseil : en conclusion,
A l'effet la chose est prouvée,

Et bien esté examinée,
Et ains que l'en l'ait voulu croire
Devant clers et sages menée
Pour enserchier se chose voire
Disoit, ainçois qu'il fust notoire
Que Dieu l'eust vers le roy tramise,
Mais on a trouvé en histoire
Qu'à ce faire elle estoit commise.

Car Merlin et Sibile et Bède
Plus de vingt ans a (*sic*), la virent
En esprit, et pour remède
En France en leurs escripz la mirent,
Et leurs prophécies en firent,
Disans qu'el pourteroit banière
Ès guerres françoises, et dirent
De son fait toute la manière.

Et sa belle vie, par foy,
Monstre qu'elle est de Dieu en grâce,
Par quoy on adjouste plus foy
A son fait: car, quoy qu'elle face,
Tousjours a Dieu devant la face,
Qu'elle appelle, sert et déprie
En fait, en dit, ne va en place
Où sa dévotion détrie.

O! comment lors bien y paru
Quant le siège ért devant Orléans,
Où premier sa force apparu :
Onc miracle, si com je tiens,
Ne fut plus cher; car Dieu aux siens
Aida telement qu'ennemis
Ne s'aidèrent ne que mors chiens :
Là furent prisons et à mort mis.

Hée! quel honneur au fémenin
Sexe! que Dieu l'ayme, il appert,
Quant tout ce grant peuple chenin
Par qui tout le peuple ért désert,
Par femme est sours et recouvert,
Ce que pas hommes fait n'éussent,
Et les traittres mis à desert :
A peine devant ne le crussent.

Une fillete de xvj. ans,
(N'est-ce pas chose fors nature?)
A qui armes ne sont pesans,
Ains semble que sa norriture
Y soit, tant y est fort et dure,
Et devant elle vont fuyant
Les ennemis ne nul n'y dure :
Elle fait ce mains yeulx voiant.

Et d'eulx de France descombrant
En recouvrant chasteaulx et villes;
Jamais force ne fu si grant,
Soient ou à cens ou à miles,
Et de noz gens preux et abiles
Elle est principal chevetaine :

Tel force n'ot Hector ne Achilles,
Mais tout ce fait, Dieu qui la menne.

Et vous, gens d'armes esprouvez,
Qui faites l'exécution,
Et bons et loyaulz vous prouvez,
Bien faire on en doit mention;
Louez en toute nation
Vous en serez et sans faillance
Parle-en sur toute élection
De vous et de vostre vaillance.

Qui vos corps et vie exposez
Pour le droit en peine si dure,
Et contre tous périls osez
Vous aler mettre à l'avanture,
Soiés constans, car je vous jure
Qu'en aurés gloire ou ciel et los;
Car qui se combat pour droitture
Paradis gaingne; dire l'os.

Si rabaissez, Anglois, vos cornes,
Car jamais n'aurez beau gibier;
En France ne menez vos sornes:
Matez estes en l'eschiquier.
Vous ne pensiez pas l'aut'rier
Où tant vous monstrez périlleux,
Mais n'estiez encour ou santier
Où Dieu abat les orgueilleux.

Jà cuidiés France avoir gaingnée
Et qu'elle vous deult demourer;
Autrement va, faulse mesgniée,
Vous irés ailleurs tabourer,
Se ne voulez assavourer
La mort comme voz compaignons,
Que loups porroient bien dévourer,
Car mors gisent par les sillons.

Et sachez que par elle Anglois
Seront mis jus sans relever,
Car Dieu le veult qui oit les voix
Des bons qu'il ont voulu grever.
Le sanc des occis sans lever

Crie contre eulz; Dieu ne veult plus
Le souffrir, ains les réprouver
Comme mauvais, il est conclus.

En chrestianté et l'église
Sera par elle mis concorde.
Les mescréans dont on devise
Et les hérites de vie orde
Destruira, car ainsi l'acorde
Prophétie qui l'a predit,
Ne point n'aura miséricorde
De li qui la foy Dieu laidit.

Des Sarrasins fera essart
En conquérant la Sainte Terre;
Là menra Charles que Dieu gard,
Ains qu'il muire fera tel erre.
Cilz est cil qui la doit conquerre:
Là doit-elle finer sa vie
Et l'un et l'autre gloire acquerre:
Là sera la chose assouye.

Donc desur tous les preux passez
Ceste doit porter la couronne;
Car ses faits jà monstrent assez
Que plus prouesse Dieu lui donne
Qu'à tous ceulz de qui l'en raisonne;
Et n'as pas encor tout parfait,
Si croy que Dieu çà jus leur donne
Afin que paix soit par son fait.

Si est tout le mains qu'affaire ait
Que destruire l'Engletharée,
Car elle a ailleurs plus son hait,
C'est que la foy ne soit parée.
Quant des Anglois, qui que s'en rie,
Au parler, il en est sué,
Le temps à venir moquerie
En sera fait; jus sont rué.

Et vous, rebelles rouppieux,
Qui à eulz vous estes adhers,
Or voiez-vous qu'il vous fust mieulx

D'estre alez droit que le revers
Pour devenir aux Anglois serfs,
Gardez que plus ne vous aviengne,
Car trop avez esté souffers,
Et de la fin bien souviengne.

N'appercevez-vous, gent avugle,
Que Dieu a icy la main mise ?
Et qui ne le voit est bien vugle ;
Car comment seroit en tel guise
Ceste pucelle sà tramise,
Qui tous mors vous fait jus abatre,
Ne force avez qui souffise ?
Voulez-vous contre Dieu combatre ?

N'a-elle le roy mené au sacre
Que tousjours tenoit par la main ?
Plus grant chose oncques devant Acre
Ne fut faite ; car pour certain
Des contrediz y ot tout plain.
Mais maulgré tous, à grant noblesse
Y fu receu et tout à plain
Sacré, et là ouy la messe.

A très grant triumphe et puissance
Fu Charles couronné à Rains
L'an mil CCCC. sans doubtance,
Du mois de juillet, sauf et sains,
Droit ou xvij^e jour,
Ou gens d'armes et barons mains *,
Et là fu v. jours à séjour.

Avecques lui la pucelle,
En retournant par son païs,
Cité ne chastel ne villete
Ne remaint, amez ou hays
Qu'il soit, ou soient esbaïs
Ou asseurez les habitans,
Se rendent, pou sont envahis,
Tant sont sa puissance doubtans.

* Il manque un vers à cette strophe dans le manuscrit.

Voir est que aucuns de leur folie
Cuident résister, mais peu vault,
Car au derrain, qui que contralie,
A Dieu compère le défault.
C'est pour néant ; rendre leur fault,
Veuillent ou non ; n'y a si forte
Résistance qui à l'assault
De la pucelle ne soit morte.

Quoy qu'en ait fait grant assemblée,
Cuidant son retour contredire
Et lui courir sus par emblée,
Mais plus n'y fault confort de mire ;
Car tous mors et pris tire à tire
Y ont esté les contrediz
Et envoyez, com j'oy dire,
En enfer ou en paradis.

Ne scai se Paris se tendra,
Car encoures n'y sont-ilz mie,
Ne se la pucelle attendra ;
Mais s'il en fait son ennemie,
Je me doubt que dure escremie
Lui rende, si qu'ailleurs a fait :
S'ilz résistent heure ne demie,
Mal ira, je croy, de son fait.

Car ens entrera, qui qu'en groingne ;
La pucelle lui a promis.
Paris, tu cuides que Bourgoigne
Défende qu'il ne soit ens mis ?
Non fera, car ses ennemis
Point ne se fait ; nul n'est puissance
Qui l'en gardast, et tu soubmis
Seras et ton oultrecuidance.

O Paris ! très mal conseillé !
Folz habitans sans confiance !
Ayme-tu mieulx estre essillié
Qu'à ton prince faire accordance ?
Certes, ta grant contrariance
Te destruira, se ne l'avises ;

Trop mieulz te feust par suppliance
Requérir mercy : mal y vises.

Gens a de dedans mauvais, car bons
Y a maint, je nen fais pas doubte;
Mais parler n'osent, j'en respons,
A qui moult desplaist et sans doubte
Que leur prince ainsi on déboute.
Si n'auront pas ceulz deservie
La punition où se boute
Paris, où maint perdront la vie.

Et vous toutes, villes rebelles,
Et gens qui avez regnié
Vostre seigneur, et ceulz et celles
Qui pour autre l'avez nié,
Or soit après aplanié
Par doulceur requérant pardon,
Car se vous estes manié
A force, à tart vendrez ou don.

Et que ne soit occision,
Charles retarde tant qu'il puet,
Ne sur char d'omme incision,
Car de sang espandre se deult;
Mais au fort, qui rendre ne veult
Par bel et doulceur ce que est sien,
Se par force en effusion
De sang le requerra, il fut bien.

Hélas! il est si débonnaire
Qu'à chascun il veult pardonner,
Et la pucelle lui fait faire
Qui ensuit Dieu; or ordonner
Veuillez voz cueurs et vous donner
Comme loyaulz François à lui,
Et quant on l'orra sermonner
N'en serés reprins de nulluy.

Si pry Dieu qu'il mecte en courage
A vous tous qu'ainsi le faciez,
Afin que le conseil orage
De ces guerres soit effaciez,

Et que vostre vie passiez
En paix soubz votre chief greigneur,
Si que jamais ne l'effaciez
Et que vers vous soit bien seigneur,
Amen.

Donné ce ditié par Christine
L'an dessus dit mil CCCC
Et xxix, le jour où fine
Le mois de juillet; mais j'entens
Que aucuns se tendront mal contens
De ce qu'il contient, car qui chière
A embrunche et les yeux pesans
Ne puet regarder la lumière.

Explicit ung très bel ditié
fait par Christine*.

* Je ne puis omettre d'indiquer ici, en engageant mes lecteurs à le consulter, un travail tout récent de M. Thomassy, sur Christine de Pisan. Ils y trouveront d'ingénieuses appréciations littéraires, quelques détails biographiques nouveaux et des aperçus remplis de justesse. (Paris, in-8°, chez Débécourt.)

(MANUSCRIT 205.)

Le manuscrit dans lequel se trouvent les deux pièces précédentes contient encore une œuvre assez curieuse que M. de Sinner, page 416 de son troisième volume, désigne sous le nom de *Dialogue en vers entre le Concile, l'Eglise de France, la Réformation de justice et l'Hérésie.* Cette pièce, qui est une espèce de *Mystère*, remonte à l'époque du concile de Bâle. Elle ouvre par la scène suivante :

CONCIL.

Qui estes-vous?

L'ÉGLISE.

Hélas! bon juge.

CONCIL.

Approuchez-vous, point ne vous voy.

L'ÉGLISE.

Saint Concil, je viens à refuge
A vous; amis, parlez à moi.

CONCIL.

Que vous voye, en bonne foy!
Je ne vous recoignois pas bien.

L'ÉGLISE.

Je ne m'en esbayz en rien,
Car vielesse de sa nature
Fait devenir la véue obscure.
Pardonnez-moi d'ainsi parler :
Femmes ne savent riens celer.
Si croy-je pas ne véez trouble,
Car vous représentez ung noble
Joyau, pour qui fault bien veiller.

Et bien penser à conseiller
Des affaires par bonne guise.

CONCIL.

C'est vray ; je suis cy pour l'Église.

L'ÉGLISE.

Bien la devez cognoistre doncques.

CONCIL.

Sans faulte, je ne la viz oncques,
Au mains piéçà, si bien ensemble
Comment elle est cy, se me semble.

L'ÉGLISE.

Et que vous semble-il que je soie ?

CONCIL.

Je ne scay, mais se vous véoie
Plus à plain au viz, par mon ame,
J'en diroie. — Ha ! ha ! Nostre-Dame,
Mère Dieu, pardonnez-moy !
J'ay trop mespris en bonne foy,
Que ne vous ay fait révérence.

L'ÉGLISE.

C'est du mains. Levez sus, car en ce
Estes deceu comme autresfoiz
Fut ung saint convers, je m'en crois,
En ung lieu c'on dit Clerevaulz,
Auquel je remonstray mes maulz,
Comme je pense à faire cy.
L'acteur de l'*Œil moral* cecy
Raconte, là le puet-on lire.
C'estoie je, le puis bien dire,
Qui me monstray au saint prudhomme
En pareille figure comme
En me voit cy. Vous m'avez veue
Devant, et m'avez mescongneue ;
Or me regardez par derrière :
Suis-je la mère de lumière
Qui est sans tache, et toute belle ?
Qu'en dictes-vous ? me resemble-elle ?
Elle n'est pas si vermolùe,

Povre et villement tenue
Comme moy. Non, je suis l'Église
Qui suis gouvernée en tel guise
Comme il appert. Je vous dy voir.
Chascun scet, au moins doit savoir,
Qu'en mon premier estat jadiz
Les benois sains de paradis
Me firent belle et bien ornée ;
Je fus par leur sanc coulourée
Et par leur vertuz embellie, etc....
....

CONCIL.

Dame, c'est bien m'entention
D'y mectre brief amendement,
Et vous mercie grandement
Qu'il vous a pleu venir de çà ;
J'en suis très bien joyeux. Or çà,
Pour ce que vous estes l'Église,
Vous serez la première assise ;
Moy emprès comme lieutenant,
Et puis vous verrez maintenant
La manière que j'ai tenue
Avant que soiez cy venue
Pour votre restitution.
....

La deuxième scène est celle-ci :

PAIX.

Il est tart, Refformation,
Alons besogner ; l'eure passe.

REFFORMATION OU JUSTICE.

Paix, c'est bien mon intention.

PAIX.

Il est tart, Refformation.

HÉRÉSIE.

C'est tout pour ma destruction.
Dieu scet quel brouet on me brasse !

PAIX.

Il est tart, Refformation.

REFFORMATION OU JUSTICE.

Alons besogner, l'curé passe.

HÉRÉSIE.

Je seray là plus tost que vous :
Alez si tost que vous voulrés.

REFFORMATION OU JUSTICE.

Cheminez, Paix; avançons-nous.

PAIX.

Je seray là plus tost que vous,
Et qu'esce cy! veult devant vous
Hérésie aler?

HÉRÉSIE.

Vous errez;
Je seray là plus tost que vous.

....

FRANCE.

De tous maulx, sans avoir secours,
Je suis si fort au cuer navrée
Et en tous membres tourmentée
Que je ne le scay à qui dire.
Quant je cuide estre confortée
D'un lez, je me trouve cassée
De l'autre, tant que c'est tout ire.
Il a passé xxvme ans
Que depuis le pié jusqu'aulx dens
Je n'euz ne santé ne repos.
Et qui pourroit estre contens?
Le plus sage y pert son propos.
Hée! Dieu je ne scay plus que faire
Pour les grandes oppressions
Qu'on me fait, plus ne m'en puis taire,
J'ay tant d'ymaginations,
D'extranges cogitations,
Doulx Jhésus, mon frère et mon père,
Que se mes grans afflicions
Ne cessent, je me désespère,
Combien, quant je vien à raison,
J'en suis cause par mon malice,
Car j'ay mis hors de ma maison

Par mon orgueil Paix et Justice.
Très doulx Dieux, soyez-moy propice,
Si que ma tribulation
Puisse porter cest votre office
De donner consolation.
Dieu, pour l'amour de vous j'endure
Ceste grant peine en espérance
Que ce temps guéres ne me dure.
Si par toy je pry c'om s'avance
De moy aidier; le cuer me lance
Puis, car puis là, par desconfort,
Je ne scay plus ma contenance;
Car plus voy, plus m'agrave fort.
Hée! bon chevalier Francion,
Filx de Hector, de la nation
De Troye, quant me mis nom France,
Ce n'estoit pas t'entention
Que venisse à subjection
Comme on voit, n'à tele meschance.
Chascun m'abandonne à oultrance :
Je porte sur moy ma chevance
Par la bonne provision
Des miens ou déusse avoir France.
D'eulx et moy par leur gouvernance
Se moque toute région.
Quant je pense à ma grant noblesse,
A mes honneurs, à ma richesse
Et à l'estat où suis venue,
Le cuer me fault tout de détresse,
Ma joye se tourne en tritesse;
Plus povre n'a dessoubz la nue.
Hélas! que suis-je devenue?
Je suis tant vile et mal vestue
Que je ne scay à qui m'adresse.
Je ne suis plus de nul cogneue
Par les miens; chacun me desnue :
Dieu leur doint recouvrer sagesse!
Hé Dieu! que pourray-je plus dire?
Plus pense à mon fait, plus ay d'ire.
Que ne me viens-tu quérir, mort?
Plus ne puis souffrir ce martire,

J'avoie envoyé à l'emperière
A Bâale pour avoir confort
Du conseil, mais tout semble mort;
Nul ne veille pour moy, tout dort.
C'est mon mieulx d'y aler de tire;
Car se là puis venir à port,
Je crois qui n'y aura si fort
Franc cuer qui pour moy ne soupire.
Si éussé-je, à brief langage,
Ce voyage
Voulontiers certainement
Évité, mais nul message,
Fol, ne sage,
Ne m'en vient aucunement.
Que font-ils si longuement?
Se humblement
Ne procèdent d'un courage,
Durer ne puis longuement.
Vrayement,
Je yrai par quelque passage :
Là devray trouver l'Église
Haulte assise,
Le Concil, Paix et Justice;
Mais paour ai d'estre reprise,
Quant m'avise
D'eux quatre; car comme nice
Voiz seule, et tout pour mon vice;
Le service
Que j'ay, chascun me desprise.
Mal éuz, oncque bénéfice
Ne office.
J'en voiz, et déusse estre prise.
Adieu, clers, nobles, bourgeois,
Je m'en voiz
A Baâle pour voz meffaiz,
Vous estes monstrés aux dois,
Tous François,
Que n'avez justice et paix,
Telz joyaux n'avez jamais;
Je m'en tais.
Je les querray, saufs tous drois :

Peinez-y comme je fais,
Et mon fais
Allégera de grant pois.
Priez Dieu à haulte voiz,
Mes enfans, pour vostre mère ;
Si je fauls à ceste fois,
Je mourray de mort amère.

HÉRÉSIE.

C'est bien raconté sa misère,
Pour une foiz. Avez oy
La voix, sire Concil?

CONCIL.

Oui ;
C'est grant pitié, par bonne foy.
. . . .

Quand tout le monde a bien discuté le Concile dit :

CONCIL.

Chascun en dit bien à son aise :
Qui n'aroit veu nulz vens venter,
De peu le vouldriés contenter.
Femmes dient ce qui leur plaist ;
Quant est de moy, il me desplaist
Des maulx qui courent, mès je tien
Que tout sera pour nostre bien
A la fin, et laissons Dieu faire.
Qui bien regarde saint Hylaire
En ces diz de la Trinité,
Du livre un, en vérité,
L'Église reconforte fort,
Quoy qu'elle endure en droit ou tort.
. . . .
Et pour tant l'église de Romme
Et autre part en plusieurs lieux
Souffre, je croy que c'est son mieulx
Qui le dit Hylaire advise.

L'ÉGLISE.

C'est petit confort pour l'Église,
Se vous ne dictes autre chose.

CONCIL.

Vous semble-il que je me repose ?
Il y a des gens, hors et ens,
Qui sèment que depuis trois ans
Et plus le Concil n'a riens fait.
Qui considérast bien mon fait
Et les destourbés que j'ay euz,
Tel en parle qui se feust teuz.
Est-ce rien d'avoir fait venir
Les Boesmes et convenir
Telement qu'au plaisir de Dieu,
Ains que je parte de ce lieu,
Hérésie d'eulx sera hors? etc.

La querelle continue encore long-temps entre tous ces personnages, en se traînant dans les généralités; par malheur la conclusion du mystère manque, plusieurs feuillets du manuscrit ayant été enlevés.

ERRATA.

Page	vers	au lieu de ;	lisez ;
6,	22,	c'est;	que c'est.
29,	1,	vilaius	vilains.
29,	2,	Mont	mout.
54,	17,	tournois	tournoi.
63,	31,	à	a.
64,	6,	n'aura	navra,
ib.,	39,	en cas	un cas,
65,	1,	fits	fist.
68,	32,	qu'il	qui.
ib.,	33,	Qui	Qu'il.
71,	15,	était déjà pourtant ;	était pourtant.
72,	14,	Babiloine	Babilonie.
75,	1,	Chrispine	Christine.
ib.,	5,	je	se.
79,	18,	Ta	T'a.

www.ingramcontent.com/pod-product-compliance
Lightning Source LLC
LaVergne TN
LVHW020417230826
846091LV00004B/1299

* 9 7 8 2 0 1 3 5 8 6 0 1 6 *